Comment ne pas être une mère parfaite

LIBBY PURVES

Comment ne pas être une mère parfaite

OU

L'ART DE SE DÉBROUILLER POUR AVOIR LA PAIX

Traduit de l'anglais par Claire Joly
Dessins de Viv Quillin

Nouvelle édition

Odile Jacob

Ouvrage publié originellement en 1986 par Fontana sous le titre :
How not to be a perfect mother.

Pour la traduction française :

15, RUE SOUFFLOT, 75005 PARIS
(Première édition : 1994)

www.odilejacob.fr

ISBN : 978-2-7381-2009-0

À mes enfants et à Paul, mon mari.

Remerciements

Mes remerciements les plus sincères pour leurs conseils et leurs indications à Joyce et Virginia Ash, Janet Bellis, Clare Brindley, Judy Brooks, Anna Carragher, Tina Clubb, Bellinda Devenish, Helen Fraser, Jill Freud, Nikki Freud, Sarah Gleadell, Valerie Grove, Sandy Guertin, Fiona Hamilton, Lynn Hurst, Wendy Jobson, Priscilla Lamont, Wiz Mosson, Tina Potter, Lorraine Price, Judy Purves, Debbie Pyn, Natasha Quested, Jenny Rogers, Anna Southall, Penny Steel, Sheridan Steen, Caroline Stevens, Heather Taylor, Lynn Templeton, Valentine Thornhill, Teresa Walsh, Nicky Wilson, Sally Wright... et à toutes les autres.
Et bien entendu à ma mère.

Libby Purves, 2004.

Sommaire

Préface

J'ai écrit ce livre il y a vingt ans parce que j'avais besoin de le lire et qu'il n'existait pas. En contemplant mon fils dans sa couveuse à la clinique ou en me débattant pendant ces longues, longues nuits où il ne dormait pas, j'avais envie d'un livre qui reconnaisse que j'avais moi aussi des sentiments. Je voulais lire noir sur blanc qu'en matière de maternité la perfection est illusoire, que tout ne peut pas être programmé et que, pour vivre avec un bébé, il faut simplement l'aimer – dans la plupart des cas, c'est assez facile – et faire preuve de bon sens, d'humour, mais aussi d'un maximum de ruse.

À l'époque, les livres perfectionnistes sur les tout-petits étaient légions. Ils se focalisaient sur les besoins de l'enfant (ce qui se comprend) en oubliant presque totalement les parents. Pendant les années turbulentes où j'avais deux enfants en bas âge, j'ai donc pris des notes. Lorsque j'ai commencé à écrire, la cadette était dans un couffin sous la table de la cuisine et l'aîné écornait les murs à bord de son tank en plastique. Quant à moi, je tentais de défendre ma machine à écrire qui trônait sur la table de la cuisine. Mais j'avais conscience de mes lacunes. Après tout, chacun a son mode de vie. J'ai donc commencé par envoyer un questionnaire à une cinquantaine de mères que je connaissais. Elles n'avaient ni le même âge, ni le même genre, ni les mêmes revenus, mais elles me semblaient toutes s'être correctement acquittées de leur tâche.

Je leur demandais simplement comment elles géraient le quotidien – le bain, le sommeil, les caprices, les biberons, les vêtements, les morsures et j'en passe. Leurs réponses m'ont paru magnifiquement variées, enjouées, affectueuses, résignées et, parfois même, un peu bizarres. Elles m'ont énormément encouragée. J'ai donc écrit ce livre et je l'ai livré au monde dans l'espoir de partager cet élan d'enthousiasme avec d'autres mères. À mon immense surprise, il n'a jamais cessé d'être réédité et a été traduit dans une dizaine de langues. Les gosses représentent visiblement un langage universel. Ils ne suivent pas les modes.

Cela dit, nous avons changé de siècle, et le temps me semble venu de reprendre *Comment ne pas être une mère parfaite*. Essentiellement parce que le matériel a changé. Certaines rubriques méritaient d'être mises à jour. Quand avez-vous vu un couffin pour la dernière fois ? Et l'attitude vis-à-vis des mères a elle aussi changé. Au début des années quatre-vingt, un bébé n'était pas encore l'accessoire design qu'il est devenu depuis. Les stars de cinéma ne poussaient pas leurs landaus sous l'œil avide des photographes. Maintenant que Rachel (de *Friends*) et Miranda (de *Sex in the City*) exhibent leurs bébés et que Madonna et Catherine Zeta-Jones se font photographier en trimballant leur mouflet avec la désinvolture que confère un sac Prada, une nouvelle pression s'exerce sur nous. Vous pouvez avoir l'illusion – ô combien dangereuse – qu'il est possible d'être une mère aimante qui, de surcroît, travaille, tout en restant chic et digne de paraître dans *Gala*. C'est tout aussi faux que de croire qu'une femme active peut se transformer en fée du logis qui allaite en toute sérénité simplement parce qu'elle a accouché.

Ces nouvelles données m'ont donné envie de remanier légèrement mon livre. Je n'ai pas changé grand-chose, à part quelques temps et quelques conseils relatifs aux nouveaux équipements. Le premier *Comment ne pas être une mère parfaite* s'inspirait avant tout d'une expérience vécue de la maternité. Rien n'est plus agaçant pour une jeune mère que de s'entendre faire la morale par une quinquagénaire qui dort tout son saoul et dont les enfants ont l'âge de grimper sur une échelle pour réparer la gouttière. J'ai donc tenté de garder le ton original du livre, même si parfois, il frôlait l'hystérie.

Je profite également de cette préface pour dire à quel point les amitiés et les contacts que j'ai noués grâce à ce livre ont compté pour moi, même si certains ont été brefs et éphémères. Par-delà les différences d'âge et de milieu et même par-delà les frontières, ce livre a donné naissance à une espèce de club. Les gens se regardent avec une certaine connivence et ils se disent : « C'est comme ça. Ça a toujours été comme ça et ce n'est pas près de changer. » Devoir s'occuper d'un tout-petit est une expérience extraordinaire – tour à tour éprouvante, stimulante, désespérante, épuisante et euphorisante. Aucune mère ne l'oublie jamais. Aucun père non plus. Je suis heureuse de dédicacer cette nouvelle édition à tous ceux qui m'ont accompagnée dans cette expérience et qui ont acquiescé en lisant ce livre. Avec tout mon amour. Et, comme on dit de nos jours, respect !

Introduction

Le devoir d'une mère est assez clair. Il faut être parfaite. Les mères, nous le savons toutes, sont des figures sacrées. Ce sont des saintes, à la fois douces, aimantes et attentives, qui savent faire preuve d'abnégation. Elles sont toujours là. Leur sein est tendre, et leur patience infinie. Une mère ressemble au pélican de la légende, qui s'entrouvre la poitrine pour nourrir ses petits. Toute mère sacrifierait sa vie pour son enfant...

Bon, d'accord, ce n'est pas faux. Je suis mère, et moi aussi, je sacrifierais ma vie pour mes enfants. Mais je ne vois pas pourquoi je le ferais tous les jours. Sous l'habit de la mère se trouve un être ordinaire et maussade. On ne sait malheureusement pas encore fabriquer sur

commande des saintes qui se sacrifient en toute sérénité. N'importe quelle femme aventurière, insouciante, égoïste, risque fort de se retrouver coiffée d'une auréole de mère.

Et le fait de passer d'un égoïsme sain au statut d'ange maternel ne va pas sans douleur. C'est un peu comme si un papillon essayait de retourner dans sa chrysalide. C'est de cette transition dont je parle dans ce livre.

La nature n'est pas innocente dans tout ça. Au début, on est tenté par l'image du parfait pélican. À la naissance de son enfant, la femme moyenne devient maladivement altruiste. Le nourrisson est là, dans son berceau en plastique, et l'hypnotise de ses yeux bleus tout ronds. Même si elle a mal partout, si la tête lui tourne, elle se soumettra à la volonté de son bébé, oubliant sa fatigue pour satisfaire ses exigences. Lui, pendant ce temps, est tout occupé à téter, il décide de ses heures de sommeil sans en référer à quiconque, mouille ses couches quand ça lui chante et se nourrit de façon excentrique – trois tétées en une heure, et puis plus rien pendant des lustres. Placez le moindre obstacle sur le chemin de son inexorable volonté, et il se met à hurler avec une vigueur soigneusement calculée, qui lui vaut une obéissance maternelle immédiate. Il exige qu'on lui fasse la causette au beau milieu de la nuit, mais il s'endort comme un malotru quand Grand-mère lui chante sa plus belle berceuse. Il n'a ni manières ni considération ni sens des responsabilités. Il se contente de grandir.

Face à ce tyran, vous lâchez tout et vous vous laissez mener à la baguette, toute au service du bébé, oubliant que vous avez un jour pu avoir des envies bien à vous. Au début, c'est normal. Dans les premiers mois qui suivent la naissance, ne vous attendez pas à faire plus que survivre. C'est à peine si, de temps en temps, vous pourrez siroter un verre en paix devant la télévision. Le problème, c'est que cette négation de soi a tendance à devenir une habitude, renforcée par l'image sentimentale que les mères se font de la maternité. Il est raisonnable

d'allaiter à la demande ; mais il l'est beaucoup moins de continuer jusqu'à ce que vos chères têtes blondes aient dix-huit ans, de faire le ménage après leurs fêtes ou de leur prêter votre voiture tous les samedis soir.

Dès le début, les mères en font trop. Elles quittent leur maison par moins trente, flanquées d'enfants emmitouflés comme des Esquimaux, mais trop préoccupées pour songer à enfiler leur propre manteau. Elles s'interrompent toutes les dix secondes pour moucher un nez ou répondre à une petite voix insistante. Elles font des kilomètres à pied dans le blizzard pour acheter de la peinture (ça m'est arrivé une fois). Après quelques années de ce régime, elles se retrouvent fagotées comme des clochardes et se répandent en excuses devant n'importe qui. Car les mères les plus radicalement altruistes, celles qui n'ont pas de satisfactions propres, sont souvent celles qui se sentent les plus coupables et les plus déprimées.

On tire pourtant d'énormes satisfactions à être parent. C'est amusant de voir grandir un enfant, de lui sourire, de lui parler et d'inventer des tas de petits jeux insensés avec des vieux bouts de tuyau et des seaux remplis de sable. Mais c'est aussi un boulot dingue. Et pas moyen de s'y soustraire. Il arrive même que certaines nourrices chevronnées fondent en larmes après leur premier enfant, quand elles comprennent que désormais c'est pour la vie. Une mère peut travailler jusqu'à dix-huit heures par jour, et même plus, si elle se laisse faire.

Mais pourquoi se laisser faire ? Pourquoi ne pas chercher à gagner du temps quand c'est possible ? Ça ne fait de mal à personne. Pourquoi ne pas soumettre de temps en temps le bébé au rythme qui vous arrange ? Les saintes n'ont-elles pas elles aussi le droit de se reposer ?

Ce livre explique comment les vraies mères, qui sont loin d'être infaillibles, bouclent *réellement* leurs journées.

Il existe des quantités de manuels spécialisés sur le marché. Certains sont excellents. Dans d'autres, le fait de donner le bain à un enfant devient une entreprise aussi compliquée que de démonter un moteur d'avion de

chasse. Tous ou presque ont un ton perfectionniste. Ce livre est tout le contraire, il explique comment gagner du temps en restant de bonne humeur et sans se sentir coupable.

Il va sans dire qu'il faut s'occuper correctement des enfants. C'est même dur de faire autrement quand le moindre glapissement de peur, la moindre lèvre qui tressaille, vous font vibrer de compassion. Mais en rusant un peu vous reprendrez possession de votre vie sans que votre enfant en pâtisse.

Dans l'armée, les troufions savent ça depuis toujours. La guerre est certes une chose nécessaire, il arrive même qu'on y laisse sa vie, mais il y a toujours moyen de s'arranger, d'avoir du rab de chocolat, ou d'envoyer quelqu'un faire la corvée de patates à votre place pendant que vous piquez un roupillon derrière la cantine. Le tout est de savoir s'arrêter à temps, mais on parvient toujours à contourner le règlement.

Passer du rôle de sainte à celui de sergent, quelle déchéance pour votre image, me direz-vous. Mais vous verrez que c'est plus facile à vivre et surtout, bien plus amusant. Parfois, vous ferez comme le sergent. Vous suivrez à la lettre les recommandations des perfectionnistes, sauf que vous ne le ferez pas pour les mêmes raisons. Quand j'ai commencé à allaiter et que je n'y voyais aucun avantage pour le bébé, je tenais le coup en me répétant que plus je lui donnais de mon lait, moins il risquait d'attraper de cochonneries plus tard, et moins je serais obligée de le soigner quand il serait malade.

L'autre solution, c'est de se discipliner. Un jour, j'ai observé deux mères qui prenaient le thé. Elles avaient toutes les deux des enfants casse-pieds. L'une d'elles disait sans arrêt : « Ne touche pas la tasse, mon chéri, c'est chaud, tu vas te brûler. » L'autre présentait les choses différemment : « Ne touche pas la tasse, mon chéri, elle est à *Maman*. » J'ai remarqué que la seconde réussissait à boire son thé, repoussant les assauts du petit monstre et défendant ses droits pied à pied, alors que la première, qui avait posé sa tasse hors d'atteinte sur une jolie étagère, n'est pas arrivée à en boire une gorgée. Elle est repartie, fatiguée et assoiffée, prête à enchaîner avec le bain où elle s'épuiserait à inventer de nouveaux jeux et à amadouer son gamin.

Je pense que la plus égoïste et la moins « parfaite » des deux mères (qui sans doute profitait de l'heure du bain pour se vernir les ongles de pieds pendant que son gamin pataugeait gaiement dans la baignoire) était la plus heureuse. Quant aux enfants, je ne pense pas qu'ils y voyaient une grande différence.

Ce livre s'adresse aux mères qui ont des enfants de zéro à trois ans, ou un peu plus selon les cas. Je n'ai jamais compris pourquoi on tenait tant à mettre dans le même panier les enfants qui ne vont pas encore à l'école. Au contraire, ce sont les trois premières années qui sont les plus riches en surprises et en changements. Un bébé vient de débarquer, il nous paraît aussi incompréhensible qu'un extraterrestre, aussi indéchiffrable qu'un rêve. Peu à peu, il commence à ressembler à un adulte, et quand il entre dans sa quatrième année, il a déjà fait un bon bout de chemin dans ce sens. À trois ans et demi, vous avez devant vous un petit bonhomme qui parle suffisamment bien pour entendre raison et qui sait (même s'il n'est pas toujours d'accord) que ce qui est juste est juste, et que les ordres sont les ordres. Vous n'êtes plus obligée en permanence de l'amadouer pour qu'il reste sagement couché pendant que vous lui changez sa couche. Il est capable de parler à des gens qu'il ne connaît pas et de se servir d'un couteau et d'une fourchette.

C'est aussi à cet âge que les enfants commencent à se différencier les uns des autres. Non pas qu'avant trois ans les différences n'existent pas ; simplement, les ressemblances sont plus nombreuses. *Tous* les enfants de six mois attrapent la cuillère avec laquelle vous leur donnez à manger. *Tous* les enfants qui apprennent à marcher tirent les nappes et s'assomment au passage. Et les caractéristiques d'un enfant de deux ans sont elles aussi assez universelles (dans le genre funambule muni d'une valise d'explosifs). Mais à quatre ans vous aurez hérité d'un dur à cuire ou d'une petite fille modèle (garçon ou fille), d'un intello, d'un sportif ou d'une vedette.

Ils se tiennent à distance les uns des autres. Ils ne sont pas plus hauts que trois pommes et sont pourtant déjà bien distincts, chacun sur son estrade où se mêlent hérédité, hasard et conditionnement. Il semble donc que trois ans soit un bon âge pour s'arrêter. C'est aussi là que s'arrête mon expérience.

Pour combler les lacunes et mieux rendre compte des mille manières d'être une mère ingénieuse, j'ai consulté une cinquantaine d'amies, qui, à elles toutes, ont quatre-vingt-six enfants. Certaines appartiennent à ma génération, d'autres sont plus âgées ou plus jeunes que moi. Certaines travaillent, d'autres sont femmes au foyer, d'autres encore élèvent leurs enfants seules. À toutes, je suis infiniment reconnaissante des conseils et des encouragements qu'elles m'ont donnés ainsi que des confidences et des reproches occasionnels qu'elles ont pu me faire.

Un mot d'excuse pour finir. De nos jours, les auteurs font des efforts désespérés pour essayer de rendre justice aux deux sexes. (Autrefois, bébé se déclinait au masculin, point à la ligne.) Certains écrivent donc constamment « il/elle » ou « petit(e) », ou encore alternent entre le « il » et le « elle », si bien qu'à la longue on a l'impression déconcertante que l'enfant change sans arrêt de sexe. D'autres avouent courageusement que, puisqu'ils n'ont eu que des garçons ou que des filles, ils s'en tiendront au sexe qu'ils connaissent le mieux.

J'ai un enfant de chaque sexe. Après mûre réflexion, j'ai décidé d'utiliser indifféremment « il », ou « elle », selon mon humeur. J'espère que cela ne vous ennuiera pas trop. Après tout, personne n'est parfait.

1

Enceinte, fière de l'être et... paniquée

Pendant ma première grossesse, quand j'avais tendance à décrire tous mes bobos aux gens que je rencontrais, je suis allée déjeuner chez une amie qui avait deux enfants en bas âge. Je trônais dans ma splendeur sphérique, les mains croisées sur mon ventre énorme, pendant qu'elle s'agitait avec une serpillière, rattrapant au vol une chaise haute, et se lançant dans des raisonnements aussi enflammés qu'inutiles à propos du nounours qui devait manger ses carottes et de la pantoufle qui, non vraiment, n'avait aucune envie de s'asseoir dans la casserole de lait. C'est à ce moment-là que j'ai compris que la grossesse ne prépare en rien à la maternité.

Une femme enceinte s'achète de nouveaux vêtements, elle pense à son régime, évite de porter des choses lourdes, se repose et s'interroge sur les coliques et les gonflements que produit son précieux corps. Elle suit des cours sur ses organes internes, ausculte ses doigts avec angoisse pour voir si elle n'est pas en train de développer d'œdème, et tout le monde lui répète qu'elle peut se sentir fière.

Une fois que le bébé est là, que se passe-t-il ? Elle n'a plus le temps de se reposer, elle se nourrit des restes du

bébé, ne porte que des chemisiers tachés, et est obligée de se promener toute la journée avec un couffin qui pèse le poids d'un âne mort. Quant à ses précieux organes internes, c'est tout juste si elle s'apercevrait qu'elle fait une crise d'appendicite. Ni personne d'autre d'ailleurs.

La grossesse ne prépare qu'à une chose : à l'accouchement qui, même s'il est difficile, place tout de même la future maman au centre de l'attention. Tout le monde s'empresse autour d'elle en lui répétant qu'elle s'en tire à merveille. (« Dilatée à six centimètres, bien joué, ma grande ! ») Elle ne pense pas une seconde à se préparer pour toutes les années qui vont suivre ces quelques heures passionnantes, quand elle sera devenue la bonne à tout faire du bébé, et que le monde entier, loin de lui faire des compliments, ne se gênera pas pour lui reprocher chaque bouton, chaque bobo, chaque crise de colère, sans parler du problème de la délinquance. Il existe bien quelques cours intitulés « Apprendre à devenir parent », mais aucun d'eux n'explique comment slalomer entre les tricycles du salon, porter un bol de Blédine plein à ras bord, répondre à des questions stupides, le tout sans lâcher d'une semelle l'enfant et le chat qui se chamaillent.

Les femmes qui ont déjà des enfants ont peu de patience à l'égard des premières grossesses des autres. Je me souviens avoir proposé à la rédactrice en chef d'un magazine mon « Journal de neuf mois », qui me paraissait un chef-d'œuvre de perspicacité émotionnelle, et lui avoir expliqué à quel point je trouvais ça fascinant d'avoir commencé par me sentir vulnérable et néanmoins protectrice, pour me sentir ensuite, au bout de trois mois, protectrice et néanmoins vulnérable. Et j'avais ajouté que les sacs pour vomir étaient très pratiques dans le métro. La rédactrice m'avait jeté un regard morne – elle avait elle-même un enfant – mais elle avait courageusement accepté de publier mes inepties. Quoi qu'il en soit, au moment où j'étais en train d'y mettre la dernière main, j'avais accouché de mon fils, et je ne voyais plus moi-même très bien pourquoi j'en avais fait tout un plat.

C'est donc avec quelques réticences que je vous livre un chapitre sur la grossesse et ses problèmes. Tout ce que je peux en dire, c'est qu'à l'époque ils me semblaient aussi énormes que ma bedaine.

Le complexe de la cousine Elisabeth (voir Évangile selon saint Luc, chapitre 1, versets 39 à 41 !) est l'un des effets secondaires les plus utiles de la grossesse. Il s'agit d'un besoin irrépressible d'aller voir d'autres femmes enceintes et de comparer ses impressions. Cela vous permet de vous faire de fort bonnes amies, qui vous seront par la suite d'un très grand secours.

Quand elles sont ensemble, les femmes enceintes abordent immanquablement les sujets les plus intimes. Elles échangent les propos les plus crus sur leurs organes internes et leurs envies secrètes, comme pour se préparer au sans-gêne total qui règne en salle d'accouchement. Si par hasard deux dépanneurs télé en blouses blanches débarquent dans le service maternité, une demi-douzaine d'apprenties mamans se mettent à exhiber leurs poitrines et à parler mamelons, hémorroïdes et points de suture.

Si vous vous sentez coupable quand vous voyez des femmes qui sont déjà mères (*cf.* le chaotique déjeuner chez mon amie), la compagnie de femmes qui sont enceintes pour la première fois est essentielle si vous avez envie de discuter de ce qui se passe d'intéressant sous votre robe. Vous pourrez aussi partager votre idéalisme naïf concernant les enfants, sujet qui met, semble-t-il, hors d'elles les mères qui vont déjà au charbon. Que vous projetiez d'accoucher debout, en musique ou dans l'eau, assistée d'une sage-femme progressiste qui vous sert de la tisane aux feuilles de framboisier, libre à vous d'en parler pendant des heures à la cousine Élisabeth. Si vous projetez de transformer votre nourrisson en génie en lui brandissant des images sous le nez, si vous avez l'intention de le nourrir au sein pendant cinq ans, parfait ; dites-le-lui. Si vous vous imaginez un berceau délicat orné de volants parfaitement repassés, dans une chambre fleurie avec des étagères remplies de langes immaculés et doux comme du duvet, dites-le-lui également. N'oubliez pas non plus d'aborder le chapitre des assouplissants. Discutez des mérites des nourrices, de l'école laïque, de l'importance de procurer à l'enfant un environnement artistique et de la moralité du *Petit Chaperon rouge.* Faites des sourires radieux à tout le monde, tirez des plans sur la comète, décrétez que le titre de ce livre est odieux, projetez de vous sacrifier en toute sérénité. Sous peu, vous serez parmi nous pour apprendre les ficelles de la maternité.

Bienvenue à bord.

En attendant, il faut se préoccuper des petits bobos de la grossesse elle-même. Être enceinte, c'est un peu comme se faire prendre en otage par des pirates de l'air, ou se faire envahir par des squatters. Vous abritez tout à coup un petit passager, à la fois vulnérable et décidé, qui est venu se nicher confortablement dans vos entrailles, qui malmène votre estomac et votre vessie, et qui prend ce dont il a besoin sans demander son reste. Il vous faudra par exemple devenir anémique au dernier degré avant que votre bébé ne vienne à manquer de fer. Et pour ce qui est de manger, les plus beaux bébés naissent de mères à moitié mortes de faim. À cet égard, c'est le bébé qui décide. La seule chose que vous puissiez faire, c'est de lui éviter les substances nocives du genre fumée de cigarettes, alcool ou drogues. Au gré des publications, ce genre de petites faiblesses est de plus en plus difficile à faire admettre. À peine un groupe de sinistres chercheurs a-t-il décrété que « même un verre de vin par jour peut nuire au bébé », qu'un autre se met de la partie en déclarant que le fœtus « tressaille de dégoût », quand sa mère se permet seulement de *penser* à une cigarette.

Il existe des livres plus spécialisés que celui-ci pour vous convaincre dans un sens ou dans l'autre. Je ne fais que vous proposer le raisonnement égoïste que je me suis tenu. Il m'a aidée à limiter ma consommation de vin à quelques verres par semaine et à me passer complètement d'aspirine pendant deux fois neuf mois. Je me disais simplement qu'il allait falloir que mon bébé soit drôlement costaud pour supporter son égoïste de mère.

La tactique a apparemment porté ses fruits. Chaque verre d'alcool, chaque hamburger chimique que je refusais semblait me garantir que mon bébé ne serait ni chétif ni grognon. Je ne pense pas qu'un tribunal accepterait pareil raisonnement, mais il m'a permis de rester parfaitement sobre et heureuse pendant mes deux grossesses.

En fait, arrêter l'alcool et le tabac est une question secondaire. Il existe des problèmes physiologiques autrement plus gênants. Je me souviens d'avoir béni le ciel quand, vers huit mois, je ne pouvais plus voir à quel point mes chevilles étaient enflées tellement mon ventre était devenu volumineux.

Voici quelques commentaires et quelques remèdes pour soulager vos maux de grossesse.

Les services de consultation prénatale

Il peut paraître étrange de faire figurer un service prénatal au nombre des maux de grossesse, mais, après quelques consultations dans un grand hôpital, vous comprendrez pourquoi. Quelle que soit la qualité de la maternité, il y a de grandes chances pour que son service prénatal soit exécrable. Les rendez-vous sont tous regroupés à la même heure, ce qui oblige les mères à de longues attentes (même si elles ont des enfants geignards). Mon record personnel est de 2 h 55. Et même après autant de temps, il peut arriver qu'on ne vous fasse rien de plus qu'une prise de sang, suivie d'un long séjour dans un fauteuil, lui-même suivi d'une analyse d'urine et d'un passage éclair sur la balance, eux-mêmes suivis d'une nouvelle attente et d'une conversation sans intérêt avec une élève sage-femme. À ce propos, sachez distinguer les grades des infirmières dès votre première visite. Ne perdez pas de temps à poser des questions à une enfant de dix-huit ans. Adressez-vous tout de suite à quelqu'un qui a su mériter ses galons. Lors de ma toute première consultation, j'attendais mon tour, torturée par mille questions, pendant qu'une infirmière vraiment débutante remplissait laborieusement ma fiche de renseignements. « Bon, voyons voir, me déclara-t-elle d'un ton sévère, contact avec les dates ? Vous êtes-vous déjà trouvée en contact avec des dates ? », Des dattes ? Des dattes ! Ça n'est pas toxique, au moins ? Ça ne provoque pas de malformations ? Je me souvenais de la panique causée par les pommes de terre vertes quelques années auparavant. Et j'avais mangé des dattes fourrées à peine une semaine plus tôt ! Oh non ! « Contact avec des dates ? », répéta l'enfant, plume en l'air. Elle devait déjà me prendre pour ces mères névrosées dont on parle en stage. « Alors ? », Retrouvant mon sang-froid, je lui arrachai la feuille des mains et je lus : « RUBÉOLE, CONTACT AVEC : dates : » Elle avait oublié une ligne. Ce genre d'incidents n'est pas fait pour rassurer la prima gravida anxieuse.

Quand arrive votre heure de gloire, on vous emmène dans un box, on vous demande d'enlever votre pantalon et de vous allonger sur une planche matelassée jusqu'à l'arrivée du grand chef. Le fait de se redresser pour lire ou soulager ses brûlures d'estomac peut être considéré comme un acte d'insubordination ou une perte de temps pour le médecin. (Quel médecin ? Où ça, un médecin ?)

Après quelques heures de ce traitement, une femme nerveuse devient irrémédiablement docile, trop intimidée pour poser les questions qui lui rongent le cœur. Et la râleuse devient si grossière qu'elle oublie elle aussi les questions qui, la nuit, la font pleurer en secret.

Tout cela n'est guère productif. Des tas de gens ont milité pour l'amélioration des services prénataux, où on traite encore les gens comme du bétail. Les progrès vont sûrement mais lentement. La grossièreté, l'insensibilité et le manque d'attention du personnel médical sont régulièrement dénoncés par nos diligents médias. Il arrive de temps en temps qu'un hôpital se fasse traîner dans la boue, et que les autres se ressaisissent un peu. L'histoire que j'aime par-dessus tout est celle de la femme qui fait une fausse couche et qui affirme qu'elle est toujours enceinte. Elle demande qu'on lui fasse une échographie, on la lui refuse. Pour finir, elle est internée dans un hôpital psychiatrique pour démence obsessionnelle à propos d'un bébé fantôme. Elle s'enfuit et se fait faire une échographie. On s'aperçoit qu'elle est toujours enceinte : elle n'avait perdu qu'un seul de ses jumeaux. Le bébé est né sans problème. La presse a dit que l'hôpital s'était excusé. Excusé ! On aurait dû condamner les médecins au pilori !

Des quantités de sages-femmes réclament l'amélioration du système. Certains médecins ont fait remarquer que souvent les femmes sont suivies par le même médecin : elles sont donc sûres qu'il s'occupera de leur accouchement... à moins qu'il ne soit en vacances ou au tennis.

En attendant que les choses changent, voici quelques conseils pour améliorer votre sort.

• Partagez vos consultations entre l'hôpital et votre généraliste. Si vous n'aimez pas votre médecin traitant ou s'il n'a pas l'air d'adorer l'obstétrique (certains préfèrent le golf et l'arthrite), allez voir quelqu'un d'autre. Un médecin qui n'aime pas les femmes enceintes ne sautera pas de joie si vous arrivez avec un bébé couvert de boutons bizarroïdes ou si vous hésitez pendant des semaines avant de le faire vacciner contre la coqueluche. Alors, n'attendez pas. Changez de médecin !

• Quand vous allez à l'hôpital, veillez toujours à prendre le premier rendez-vous de la matinée et à arriver avec vingt minutes d'avance. Comme ça, personne ne pourra vous dire que le médecin a pris du retard.

• Emmenez de la lecture. Les magazines de l'hôpital sont en général couverts de taches mystérieuses et datent d'au moins deux ans. Ça n'est pas fait pour remonter le moral.

• Ou alors faites du tricot. Tout le monde tricote dans les services prénataux. Certaines femmes arrivent même à finir un pull en attendant que Dieu le Père fasse son entrée en blouse blanche. Vous marquerez aisément des points sur les infirmières despotiques qui arpentent les couloirs dans leurs chaussures mastoc en arrivant vêtue d'une robe élégante et fluide et en vous mettant à faire de la broderie fine. N'écoutez votre walkman sous aucun prétexte. Vous risqueriez de rater l'instant magique où l'on grommelle votre nom et de devoir attendre une heure de plus.

• Quand vous finissez par voir l'obstétricien, dites-lui combien de temps vous avez attendu. Ça l'intéressera sûrement. Il a beaucoup de pouvoir dans ce microcosme hiérarchisé qu'est l'hôpital. Dites-lui aussi que ce n'est pas étonnant que vous ayez de la tension.

• Notez vos questions par écrit avant la consultation. On a tendance à oublier l'essentiel quand on est étendue à moitié nue sur une table d'hôpital et qu'on se fait ausculter par un inconnu pressé et une sage-femme pas très délicate, qui s'ennuie à mourir. Restez polie, montrez à la sage-femme que vous respectez son expérience et ses jugements autant que ceux du médecin, sinon davantage.

• Si la sage-femme s'en va pour vous laisser vous déshabiller et qu'elle oublie votre dossier sur la table, lisez-le. Mais non, ce n'est pas indiscret.

• Si vous êtes vraiment inquiète, n'essayez pas de le cacher. Pendant ma deuxième grossesse, j'étais persuadée, de manière tout à fait irrationnelle, que quelque

chose clochait, mais je n'ai pas ouvert la bouche durant toute la consultation du huitième mois. Un mot gentil du médecin alors qu'il partait après un examen de routine de quarante-cinq secondes m'a fait fondre en larmes. J'avais gagné ma journée. Il est revenu, a demandé aux infirmières d'apporter un monitoring pour que je puisse entendre le cœur de Rose, m'a donné une courbe à remplir pour compter la fréquence de ses mouvements et m'a renvoyée chez moi, où j'ai passé ma première nuit paisible depuis des semaines. Les manières du personnel médical sont parfois si brusques que vous avez l'impression qu'on vous cache un horrible secret. En fait, les infirmières sont simplement en train de se demander quand on les augmentera ou si le beau docteur du service de réanimation a vraiment l'intention de les inviter à dîner vendredi soir.

• Lisez autant de livres sur la grossesse que vous pouvez. Suivez des cours de préparation à l'accouchement, si possible ceux qui sont faits par des sages-femmes agréées. Si vous maîtrisez des termes techniques comme placenta, membranes, engagement, col de l'utérus, etc., le personnel vous parlera presque d'égal à égal. C'est en gros la même méthode que pour rabattre le caquet à un jeune garagiste qui vous explique en long et en large comment régler une soupape.

• Si on refuse de vous dire quoi que ce soit, ne vous laissez pas faire. Les médecins les plus jeunes sont souvent les plus odieux. Rappelez-vous constamment qu'il s'agit de *votre* bébé. Voici un exemple de dialogue que j'ai dû subir.

LE JEUNE DOCTEUR (entrant d'un air affairé). – Mme, heu, heu, Heiney. Heu. (À la sage-femme.) Elle se plaint de quelque chose ?

MOI. – De quelques brûlures d'estomac et de crampes assez douloureuses dans les jambes.

LA SAGE-FEMME. – Elle a des brûlures d'estomac et des crampes dans les jambes, Docteur.

JD (toujours à la sage-femme). – Ah, d'accord. (Il griffonne une ordonnance.) Donnez-lui ceci. (Il s'apprête à sortir.)

MOI. – Un instant, Docteur. Excusez-moi, mais c'est une ordonnance pour quoi ?

JD (comme s'il venait de s'apercevoir de ma présence). – Apportez-la chez le pharmacien, il vous donnera les médicaments nécessaires. (Il s'apprête à nouveau à sortir.)

MOI. – Ça m'étonnerait ! Je vais l'apporter à mon généraliste. Lui, au moins, saura me donner une explication décente. Pourquoi est-ce que je prendrais un quelconque médicament quand vous n'êtes même pas fichu de prendre trente secondes pour me dire si c'est pour les brûlures d'estomac ou pour les crampes ? (Le jeune docteur s'en va, mais, à ma grande joie, il est rouge jusqu'aux oreilles.)

LA SAGE-FEMME. – Je suis vraiment désolée, mais on n'y peut pas grand-chose.

Ce genre de scénarios se produit tous les jours dans tous les services prénataux. Débrouillez-vous pour qu'on vous entende. Et n'ayez pas peur de vous faire des ennemis. Un des gros avantages de la fragmentation du système médical, c'est que vous avez peu de chance de tomber deux fois sur la même personne. Et encore moins de connaître ne serait-ce que de nom le médecin qui s'occupera de votre accouchement. Vous pouvez donc vous défendre sans grand risque de rencontrer votre adversaire en salle d'accouchement. Si c'était le cas, vous pourriez toujours vous en tirer en disant : « Je suis ravie de tomber sur vous. Au moins, vous, je vous connais. »

Il serait évidemment préférable de pas avoir affaire à ce genre de situations. Je tiens simplement à vous dire que si ça se produit, vous n'y êtes sûrement pour rien. Et je vous souhaite d'avoir le dessus.

Finalement, un petit conseil pour rester zen pendant les consultations à l'hôpital. Évitez de regarder *Urgences* ou *Grey's Anatomy*. Ils ont récemment acheté à grands frais un utérus artificiel qui leur permet de simuler des césariennes. Un épisode sur deux comporte par conséquent un accouchement en urgence, avec souvent des morts, des complications ou la découverte que le bébé est une erreur de FIV ou le fruit d'un adultère parce qu'il n'a pas la bonne couleur. Rendez-vous un service, regardez plutôt *Friends*.

Quant aux désagréments physiques de la grossesse à proprement parler, il existe bien quelques remèdes, mais on les a tellement entendus qu'il me semble inutile d'en reparler. La prochaine fois que quelqu'un ose me dire de manger une tranche de pain avant de me lever (contre les nausées), de me tenir droite (contre le mal de dos) et de prendre du lait de magnésium (contre les brûlures d'estomac), je lui mets ma main dans la figure. Quelqu'un que je connais ne jure que par la tisane de feuilles de framboisier. Elle prétend que ça soulage les nausées, le mal de dos, les brûlures d'estomac et les crampes, et que les gitanes qui en prennent n'ont jamais d'accouchement difficile. Le fait que ça ait un goût de pneu brûlé n'entre pas en ligne de compte.

Cela dit, il y a deux ou trois choses que j'aurais aimé savoir à l'avance.

Les nausées

Si vous en avez, prenez-en votre parti. Les remèdes habituels peuvent s'avérer inefficaces. Si vous passez votre temps à vomir, faites-le au moins avec élégance. Le fait de vomir n'est rien à côté de la gêne et de la tension nerveuse que cela occasionne. Demandez à tout le monde de vous garder les sacs pour vomir qu'on donne dans les avions et les autocars. Ayez-en toujours un stock sur vous, ainsi que des élastiques, un linge humide et des mouchoirs en papier. Essayez de garder le sens de l'humour si les gens dans la rue vous prennent pour une ivrogne. Si vous vomissez votre petit déjeuner, rien ne vous empêche d'en prendre un second. Vous vous sentirez mieux ensuite. Un jour, j'ai avalé trois petits déjeuners consécutifs, les deux premiers sans succès, avant d'aller présenter une émission de radio en direct. Curieusement, le direct guérit complètement des nausées, comme du hoquet d'ailleurs.

Les brûlures d'estomac la nuit

Elles disparaissent si vous vous calez quatre oreillers sous les épaules. Vous avez l'air du Cid ficelé à la verticale sur son cheval. En revanche :

Les crampes dans les jambes

Le meilleur moyen d'en venir à bout, c'est de vous caler quatre autres oreillers sous les jambes. Vous serez comme un coq en pâte. Deuxième solution : avoir un compagnon qui se jette sur vos mollets au moindre gémissement et qui vous masse jusqu'à ce que la crampe ait disparu. Après deux grossesses, le mien est si bien conditionné qu'il se précipite sur mes jambes dès que j'ai le malheur de me retourner dans mon sommeil.

Mais surtout essayez d'oublier que vous êtes enceinte. Pendant ma première grossesse, j'avais tous les symptômes que je viens de décrire et d'autres encore. Ça ne m'a pas empêchée de partir faire un reportage en Louisiane. Et ce n'était pas un voyage de plaisance. À sept mois passés, j'ai descendu le Mississippi sur des remorqueurs, et je me suis baladée toute seule dans La Nouvelle-Orléans. Détail intéressant, pendant tout le voyage, je n'avais plus aucun symptôme. À peine étais-je de retour, qu'ils avaient tous reparu.

Il y a deux ou trois choses à faire pendant une première grossesse, même si, en fait, le mieux, c'est de voyager, de prendre des vacances et de gagner des sous, activités qui seront difficiles après l'accouchement. Si vous tenez absolument à vous rendre utile, vous pouvez faire des préparatifs minutieux, décorer le berceau, préparer des brassières et même acheter des couches. Personnellement, je ne supporte pas de faire ça, j'ai trop l'impression de mettre la charrue avant les bœufs. Je préfère envoyer mon mari faire des réserves de crème à l'oxyde de zinc et remettre sur pied le vieux berceau branlant, pendant que je me prélasse à l'hôpital. Si vous partagez mes craintes superstitieuses mais ressentez néanmoins le besoin de vous rendre utile, voici deux ou trois choses que vous pouvez faire, sans pour autant tenter le diable et en supposant que tout se passera bien au neuvième mois.

Pensez à votre maison

Ou à votre appartement. Est-ce un endroit chaud ou facile à chauffer ? Y a-t-il des pièces où vous passez plus de temps que dans d'autres ? La cuisine, par exemple, est toujours un endroit froid et plein de courants d'air. Si c'est le cas, y a-t-il un endroit chaud tout près où mettre le bébé ? Est-ce agréable de passer toute une journée dans votre maison ou bien la considérez-vous seulement comme un endroit où se poser après le travail ? Vous n'avez peut-être pas envie de préparer une chambre d'enfant, mais c'est un bon calcul de refaire les pièces principales, les couloirs et la salle de bains. Vous ne passerez sans doute jamais autant de temps dans votre maison qu'avec un nouveau-né.

Cessez de croire que, parce qu'un bébé est une petite chose, il ne prendra pas beaucoup de place. La quantité de matériel qui s'accumule autour d'un nourrisson est phénoménale, même en vous limitant au strict minimum. Il aura sans doute besoin d'une commode à lui tout seul. Avez-vous des placards disponibles ? Bon, alors, qu'allez-vous jeter ?

Pensez au transport

Si vous voulez changer de voiture, prenez un modèle quatre portes. La force avec laquelle un nourrisson, aussi petit soit-il, peut s'accrocher au montant d'une portière lorsqu'on essaie de l'installer dans son siège dépasse tout ce qu'on peut imaginer.

Pensez à votre garde-robe

Les vêtements de grossesse ne devraient plus poser de problèmes majeurs. Le temps des robes de grossesse en viscose avec quelques broderies à l'encolure est révolu. Boutiques spécialisées et magasins de vente par correspondance proposent de jolies tenues baba pour celles qui aiment les fleurs. Sinon, les grandes chaînes proposent des tee-shirts et des pantalons à cordon dans toutes sortes de tailles qui sont parfaits pour traîner à la maison. Saris, caftans et tissus ethniques bariolés sont agréables à porter le soir et viendront garnir la future malle à déguisement de la famille. Ça vaut également le coup d'investir dans une très belle écharpe en pashmina.

Les tenues de travail peuvent vous donner du fil à retordre, en particulier si vous devez vous habiller pour aller au bureau. Certains magasins de maternité vendent des tailleurs et des robes ultra classiques hors de prix que vous regretterez vite d'avoir achetés. Le mieux, c'est d'aller piocher dans la garde-robe des copines, des sœurs et des belles-sœurs. Un sweat-shirt Popeye et une veste de maternité à rayures particulièrement seyants ont fait cinq grossesses dans trois familles différentes, dont les deux miennes. Une journaliste se souvient par exemple d'une robe qui avait circulé dans le Londres littéraire des années soixante-dix, fait huit grossesses et plusieurs mères porteuses, et qui avait fini par se désagréger sur le dos de sa sœur à Sidney. Une éditrice cite les vertus des surplus de l'armée. On s'imagine aussitôt une bande de guérilleros en tenue de camouflage prenant d'assaut une salle de maternité ! Une documentaliste de la radio a perturbé la moitié de ses collègues en ressortant simplement une vieille tenue de collège (c'était une gamine rondouillarde qui est devenue par la suite une svelte nymphe). Elle passait dans les couloirs de la rédaction d'un air godiche, comme une pensionnaire du *Grand Meaulnes*.

Les soutiens-gorge vous donneront peut-être du fil à retordre. Si vous avez une petite poitrine au départ, je vous conseille de prendre les bons vieux soutiens-gorge classiques dans des tailles de plus en plus grandes. Mais, si vous faites du 110, vous allez être victime du commerce des soutiens-gorge d'allaitement. Ils sont pour la plupart déprimants. Ils bâillent, sont informes et tellement inconfortables qu'on dirait qu'ils ont été conçus exprès pour vous punir. Ils vous rendront à moitié folle de rage et de chagrin.

Mais, à cela près, il vous reste de nombreuses ressources. En dehors des vêtements de grossesse officiels, il y a les robes flottantes de chez Laura Ashley, les robes-sacs faites maison, les survêtements et les pulls marins pour hommes, les jeans de votre mari fermés par une énorme épingle à nourrice, et toutes les cotonnades « baba cool ».

Celles qui s'en tirent le mieux sont des femmes élégantes, pleines d'entrain, douées d'un bon sens de l'humour. L'essentiel, c'est de vous accepter comme vous êtes, c'est-à-dire enceinte. Vous n'avez pas besoin d'être sexy ou séduisante. Des cheveux propres et brillants, des couleurs vives et un grand sourire suffiront amplement. Ne vous inquiétez pas, ça ne dure pas.

Après la naissance du bébé, vous aurez besoin de choses bien précises. Mieux vaut y songer à l'avance.

Assurez-vous d'avoir des vêtements qui vont à la machine. Oubliez les chemisiers à donner au pressing – ce serait dommage pour eux et ruineux pour vous. Des vêtements faciles à laver, des tuniques qui s'ouvrent au niveau de la poitrine pour allaiter (votre chemisier de grossesse préféré porté sur un pantalon constituera une tenue idéale pendant les premières semaines – le bébé peut vomir dessus à son aise sans risquer d'abîmer un pull). Avant de partir pour la maternité, rassemblez quelques vêtements pratiques et faciles à porter de manière à les avoir sous la main en rentrant de l'hôpital. Je me rappelle avoir rêvé d'un vêtement simple, genre babygro, dans lequel me glisser : un « mamygro », avec des pieds.

Un dernier point sur les vêtements. Je me souviens m'être énervée contre les collants de grossesse qui me glissaient sur le ventre. Quand j'ai demandé à mes amies comment elles faisaient (je vous ai dit que les femmes

enceintes abordaient les sujets les plus intimes), j'ai découvert que tout le monde avait le même problème. Certaines femmes avaient opté pour les chaussettes, une autre avait décidé de mettre des bas et un porte-jarretelles (elle a attrapé des varices), plusieurs autres avaient pris des collants en grande taille qu'elles enfilaient à l'envers, une autre avait découpé le devant de son collant et mis une culotte par-dessus. (Comme Superman. Maintenant on sait ce qui n'allait pas chez lui. Il était enceinte !)

Pensez à la garde-robe du bébé

Si vous ne vous en êtes pas souciée avant la naissance, vous pouvez toujours envoyer une amie ou votre mari chez le pharmacien du coin avec mission de ramener cinq brassières et cinq grenouillères. Ça vous suffira amplement pendant plusieurs semaines. Il vous suffit d'avoir des couches et une petite couverture bien chaude, et le tour est joué. Si vous avez des grands-mères, des tatas ou des amies qui tricotent, donnez-leur des consignes précises. Les gilets en dentelle sont un vrai calvaire – le bébé se prend les doigts dans les trous, et la plupart du temps, les manches sont tellement serrées qu'elles sont impossibles à enfiler. Des pulls amples, carrés, qui ne serrent pas les bras, sont plus faciles à faire

et plutôt jolis. Le mieux, c'est de demander à votre équipe de tricoteuses de vous faire une réserve de débardeurs. Qu'ils soient à rayures, de couleur douce ou vive, ils font beaucoup d'effet. Vous pouvez les enfiler en un rien de temps sur un babygro, un pyjama ou un autre pull-over pour que le bébé ait un peu plus chaud. Et vous ne serez pas confrontée au problème des manches.

Si vous trouvez un bon filon de vêtements d'occasion, prêtés ou achetés, gardez-le précieusement.

Enfin, pensez à ce que vous devrez faire

Il y a des moments où cela peut paraître aussi insurmontable qu'abstrait. La lecture d'un trop grand nombre de livres sur les nouveau-nés vous fera fuir au triple galop tellement elle vous paniquera. Vous avez l'impression que la vie va se réduire à une succession monotone de couches à changer, de choses à stériliser, interrompue seulement par des petits déjeuners sinistres en compagnie d'autres mamans vêtues de robes tachées, au milieu d'un fatras de jouets hideux.

Les maternités distribuent des brochures à l'intention des futurs parents ; elles comportent des emplois du temps modèles absolument terrifiants. En voici un exemple :

6 h 30 : la mère donne à Bébé le biberon du matin et le recouche. Elle prépare un petit déjeuner copieux pour elle et son mari. Elle rince les langes et les met à sécher.

7 h 30 : la mère prend son petit déjeuner, change son bébé, charge la machine à laver, stérilise les biberons, nettoie la cuisine et épluche les légumes pour le repas de midi.

Et c'est comme ça toute la journée. Pas une seule ligne suggérant par exemple que la mère lit le journal, sort faire un tour dans le jardin, va chez le coiffeur, déjeune avec une copine et se saoule la gueule. Les gens ont une fâcheuse tendance à confondre le bébé avec l'eau du bain. Les horaires bien réglés, les petits déjeuners avec d'autres mères, les légumes pour le mari, tout ça n'est en réalité que l'eau du bain. En fait, la seule chose vraiment importante, c'est que vous allez devoir vous occuper d'une petite créature indépendante, extrêmement drôle et d'une tolérance à toute épreuve. Il va simplement falloir veiller à ce qu'elle n'ait pas faim, qu'elle ne s'ennuie pas, qu'elle soit au chaud et qu'elle ait des couches propres. Il n'y a aucune raison pour que vous restiez cloîtrée chez vous à repasser des draps et à faire la cuisine comme une « vraie » mère, si vous n'en avez pas envie. Les nouveau-nés se laissent trimbaler n'importe où. Ils se fichent pas mal de l'endroit où ils s'endorment, se réveillent et tètent, pourvu que vous y soyez aussi. Par la suite, la situation sera un peu différente. Mais vous aurez eu le temps de devenir suffisamment experte pour ajuster les choses à votre guise. Il est assez rare qu'une femme normalement constituée, qui ne boit pas, ne se drogue pas, arrive à faire du mal à son bébé. Tant que vous lui donnez à manger, que vous le changez, que vous veillez à ce qu'il ait chaud et qu'il se trouve dans un endroit où il puisse dormir en paix, tout ira bien. Et il y a même des chances pour qu'il ne pleure pas beaucoup.

Entre parenthèses, si vous avez peur de ne pas être capable d'aimer votre bébé parce que vous pensez que ceux des autres ne sont que d'horribles machins roses qui se tortillent dans tous les sens, rassurez-vous. Il est tout à fait possible d'avoir des enfants à soi, qui soient drôles et intelligents, et de continuer à trouver ceux des autres ennuyeux et répugnants. La nature est très habile. Et ce n'est finalement pas si désagréable d'avoir à s'occuper d'un *vrai* bébé. Vous êtes peut-être rebutée par ces cours où l'on vous apprend à changer un enfant sur une poupée au sourire figé, avec des langes qui s'effilochent, mais ça ne vous empêchera pas d'apprécier de donner le bain à un vrai bébé qui gigote dans tous les sens.

Il est nécessaire que le père du futur bébé soit lui aussi au courant de tout cela. Il se sent sans doute aussi démuni, aussi excité et aussi angoissé que vous.

Dans ce livre, j'ai délibérément laissé les pères à l'arrière-plan, non que ce soit là leur place ni celle de mon mari. Simplement, les moments où une femme a le plus besoin de soutien sont ceux où elle se retrouve seule, et où le père est justement à l'arrière-plan. Le bureau ou l'usine impliquent que le père s'absente pendant de longues heures. Au cours de la première et même des trois premières années, les mères réagissent plus vite et plus efficacement aux souffrances de leur enfant. Les couples où c'est le père qui se lève la nuit disent tous que la mère attend que son mari soit revenu pour se rendormir. Il semble que les femmes possèdent un seuil de tolérance inné qui les rende plus patientes avec les enfants qui braillent, les « crampons », ceux qui cassent tout ou ceux qui jettent tout par terre. Mais que ça ne vous fasse pas oublier que plus le père s'investit au départ, plus il appréciera ses enfants, et moins vous vous sentirez isolée et seule responsable.

Il n'y a rien à faire, les hommes ont une manière différente de s'occuper des enfants. J'attends toujours le jour où mon mari me rendra un enfant dans le même état à l'arrivée qu'au départ : avec le même nombre de chaussures, de chaussettes, de gants, etc. Mais peu importe après tout, les chaussettes ne sont pas le principal. Si le père est du genre à donner le bain au bébé, à jouer avec lui, à le lancer en l'air, à le faire sauter sur ses genoux, qu'il a droit au premier sourire et qu'il s'occupe de lui en toute confiance toute la journée, alors ça veut dire que le père, la mère et le bébé ont tous les trois beaucoup de chance. Mais c'est loin d'être toujours le cas. Je parle surtout des enfants qui ont moins de trois ans. Certains pères n'arrivent tout simplement pas à s'en occuper, ou bien ils s'y refusent. Dans ce cas, il faut bien que quelqu'un s'en charge. Vous n'avez pas le choix.

Voilà pourquoi ce livre s'adresse aux mères, parle des problèmes des mères et a été écrit en collaboration avec des mères. Si un père y trouve des informations utiles, tant mieux. S'il le descend en flèche, c'est signe qu'au moins, il se sent concerné. Je lui souhaite bonne chance.

Si l'entreprise vous semble toujours aussi insurmontable, concentrez-vous sur de petites choses. Achetez du fil de pêche extra-résistant et remontez vos colliers de perle préférés. Ça permettra au bébé de jouer avec quand vous le porterez. Et c'est un bon moyen de garder vos perles.

Ou alors trouvez une solution pour gagner de l'argent, vendez des objets dont vous ne vous servez plus, faites une cagnotte pour le bébé. Vous n'aurez jamais autant besoin d'argent que dans ces moments-là. Une de mes amies a fait d'une pierre deux coups (manque de place et besoin d'argent). Elle a loué un stand au marché, a dévalisé sa maison et s'est fait cinq cents euros en une après-midi. Elle est persuadée que la vue d'une femme enceinte jusqu'au cou, criant du haut d'une caisse d'oranges « Qui veut un album-photo des Beatles ? Qui veut un walkman ? Un wok, mesdames et messieurs… » a suffi à convaincre les gens de lui acheter tout son stand. En plus, c'était une aventure. Ce n'est pas parce que vous vous préparez à *vivre la grande aventure de la vie d'une femme* que vous n'avez plus le droit d'en vivre de petites.

2

Un travail difficile : l'accouchement

Mon premier enfant est né au mois de novembre, au moment de l'Armistice, quand les vendeurs de rosettes apparaissent au coin des rues. J'avais déjà plusieurs jours de retard ; par une soirée maussade, ma belle-mère est venue sonner à la porte pour prendre de mes nouvelles. « Elle a eu ses contractions ? », a-t-elle demandé d'un ton lugubre. En apprenant que non, elle nous a fait cette réponse stupéfiante : « Dommage, a-t-elle repris d'une voix vibrante où l'on entendait des générations de traditions de bonne femme, j'avais pourtant acheté une rosette l'autre jour en pensant à Libby. » Ayant ainsi assimilé, par cette parole mémorable, ma délivrance prochaine à la boue, au sang et aux morts des tranchées, elle nous a abandonnés à notre attente, dans la froidure de l'hiver.

Au fond, cette visite nous avait fait du bien. Ça nous changeait agréablement de l'optimisme béat des cours d'accouchement sans douleur, où un professeur enthousiaste avait éclairci pour nous tous les mystères des événements abdominaux à venir, nous avait appris à ne jamais prononcer le mot « douleur » et nous avait préparées à n'avoir peur de rien. On s'attendait à vivre une expérience certes fatigante mais ô combien intéressante, et c'était salutaire de s'entendre rappeler l'autre versant des choses : les hurlements, les soubresauts, les mains qui s'agrippent aux montants du lit, toutes choses que nous connaissons bien pour les avoir lues dans des centaines de romans et contre lesquelles nous avons été mises en garde par des générations de grands-mères, avec force gestes et détails.

Pendant des années, on nous a dit et redit que, quand l'heure de l'accouchement a sonné, une femme se met à gémir et à serrer la main de son mari. Puis vient un intermède de terreur absolue où l'on crie, transpire, souffre et se débat ; suivi d'une immense fatigue qui nécessite de rester alitée pendant un mois et de faire une visite rituelle au temple le plus proche pour se purifier de son infamie.

Au marché, les vieilles pipelettes parlent avec ravissement de la tante Léonie qui n'a jamais plus été pareille après avoir accouché du second, et de la pauvre Agathe qui n'a pas été un jour sans souffrir (« Ils ont dû faire chambre à part du jour où elle est sortie de l'hôpital jusqu'au jour où il est mort, l'animal ! »), des complications et des spécialistes qu'on a fait venir exprès de la capitale et qui en quarante ans de carrière n'a jamais vu ça.

Le prétendu avantage de cette grande saga féminine, c'est que, lorsque les jeunes femmes terrorisées accouchaient effectivement, ça leur paraissait bien moins affreux que ce à quoi elles s'attendaient. Se sentant soulagées après coup, elles acceptaient les quelques douleurs qui restaient avec une indéniable bonne grâce. L'inconvénient était (et est toujours) que plus une femme a peur, plus elle souffre. Du coup, la légende a perduré avec force détails : « Vous auriez dû voir mes points de suture. Une déchirure de six centimètres. Le docteur a dit qu'il n'avait jamais rien vu de pareil... »

Tout ce folklore en a pris un coup avec l'avènement de l'accouchement sans douleur. Nouvel accouchement, accouchement naturel, accouchement sans crainte, appelez ça comme vous voudrez, le scénario est le même : un grand bain de terminologie technique, le refus d'admettre qu'un accouchement est nécessairement très douloureux, et comportement extrême, l'affirmation selon laquelle « l'accouchement est l'expérience sexuelle la plus intense de la vie d'une femme ». À mon avis, ça dépend de celles qui ont précédé.

Ces nouvelles prophétesses jargonnent à tour de bras et sont en admiration devant la méthode Leboyer qui veut qu'un enfant vienne au monde dans une lumière tamisée, au son d'une musique douce, qu'il soit baigné dans une eau tiède et qu'il reçoive beaucoup d'amour. Elles parlent avec enthousiasme de Pithiviers, la maternité de Michel Odent, où les femmes accouchent accroupies, assistées par leur mari. Elles publient des livres d'exercices qui expliquent en détail comment faire travailler chaque muscle. Elles racontent chaque seconde de leurs merveilleuses séances de travail, où elles étaient entourées d'amis jouant de la guitare et abreuvées d'infusions millénaires à base de miel et de feuilles de framboisier avec, en apothéose, l'ingestion d'un ragoût de placenta particulièrement riche en fer.

Cette approche, comme la précédente, a ses inconvénients. Surtout pour la femme qui est enceinte pour la première fois et qui se sent à la fois inquiète, paresseuse et facilement désorientée.

Lire des livres sur l'accouchement ne peut pas faire de mal. Devoir se démener pendant les contractions non plus. Il devrait exister des salles de ping-pong dans les maternités et les futurs papas pourraient avoir la délicatesse de laisser gagner leurs femmes quand elles approchent les cinq centimètres de dilatation. En plus, ce serait plus rigolo que de se jeter sur des poufs. Enfin, dernière chose positive, depuis que les analgésiques ont mauvaise presse, les médecins ont cessé de bourrer les femmes de morphine pour les faire taire. D'un autre côté, l'éloge excessif que l'on fait de la Nature a tendance à mettre en rogne une minorité non négligeable de femmes dont les enfants, si on avait laissé faire la nature, ne seraient peut-être jamais venus au monde. Ce qui n'empêche pas certaines victimes de césarienne, d'accouchement déclenché, de péridurale ou de forceps de se plaindre amèrement de ce qu'on les a « privées de leur expérience de la naissance ». Les obstétriciens de la vieille école ne doivent pas en croire leurs oreilles. C'est un peu comme si on se plaignait d'avoir été privé de l'expérience du chevalet. Ne vous culpabilisez pas non plus, comme je l'ai fait, parce que votre enfant n'aura jamais la naissance paisible, silencieuse et magique dont parle Leboyer si, à peine sorti, il est accueilli par les jurons de sa mère et le bruit des coups de poing qu'elle fait pleuvoir sur les épaules de son mari.

Je vous laisse choisir la solution que vous préférez. Souvenez-vous qu'il est globalement plus utile de lire des livres sur l'accouchement que d'écouter votre belle-mère vous déblatérer ses conseils de bonne femme. Le meilleur moyen d'obtenir des renseignements sur les hôpitaux, c'est d'en parler à vos copines et de laisser traîner vos oreilles dans les cours de respiration profonde.

C'est comme ça que j'ai appris que dans un hôpital il y avait un obstétricien homosexuel que la vue d'une poitrine insupportait et que dans un autre on passait de la musique country en salle d'accouchement. Comme si les nouveau-nés n'avaient pas déjà suffisamment l'impression de naître coiffés d'un stetson en béton ! Dans un autre encore, on avait une fâcheuse tendance à faire entrer des étudiants en médecine six par six pour examiner votre périnée – soit dit en passant, vos bordées de jurons les laissaient pantois. La femme qui m'a raconté cette histoire s'est redressée sur son lit entre deux contractions et a commencé à faire la quête dans l'auditoire. Il paraît que

deux étudiants ont été tellement surpris qu'ils se sont effectivement mis à fouiller dans leurs poches.

Avec ça, vous savez au moins à quoi vous attendre.

J'ai eu de très mauvais échos sur les accouchements à domicile. Ils sont extrêmement difficiles à organiser, en particulier pour un premier enfant. Un couple a dû passer deux mois à faire pression sur les médecins pour y avoir droit. Ils ont finalement eu gain de cause, mais une fois l'enthousiasme de la croisade retombé, le doute s'est installé. La femme m'a avoué, un peu honteuse, que, dans son désir de triompher de la bureaucratie, elle n'avait pas songé une seconde à la quantité de travail et aux problèmes que ça occasionnerait, pas pour le personnel médical, mais pour elle-même et son mari. Le jour où elle a reçu la liste officielle de tout ce qu'il faudrait préparer (des cubes pour surélever le lit, des kilomètres de bâche en plastique pour recouvrir la moquette de la chambre), elle n'avait qu'une envie, c'était de faire marche arrière. Mais le courage lui a manqué. Finalement, son mari a passé la moitié de la nuit de l'accouchement à nettoyer, et le lendemain matin, il a dû se taper toute la vaisselle. Entre le thé et les gâteaux pour la sage-femme, et la bouteille de whisky pour le médecin, il y avait de quoi faire. Mari et femme pensent encore de temps en temps avec nostalgie aux beaux hôpitaux bien propres qui fournissent du linge à volonté et qui ont une employée qui s'occupe de servir le thé. Mon mari, qui m'a remonté le moral pendant mes deux accouchements et qui, soit dit en passant, prenait grand plaisir à ce que quelqu'un d'autre s'occupe du ménage, maintient qu'il vaut mieux faire ce genre de choses à l'air libre, dans un enclos à moutons par exemple, et que tous les participants soient équipés de bottes en caoutchouc. Dans la région, il n'y a guère que les brebis qui aient droit à un accouchement à domicile.

Je dois reconnaître que je ne suis pas très objective sur la question des accouchements à domicile. Pour mon premier enfant, j'ai découvert à ma grande honte que j'étais une accro de l'hôpital. J'en savoure tous les instants ; au bout de deux jours, je fais partie des meubles, au bout de huit jours, je râle parce qu'on veut me mettre à la porte. Et pendant des mois, je m'imagine avec délices retournant dans la si jolie maternité. Un soir où j'étais fatiguée – Rose devait avoir deux mois – j'ai fait part de ce fantasme à mon mari. « Mais qu'est-ce qui te plaît tant à l'hôpital ? » m'a-t-il demandé. Et j'ai répondu entre deux sanglots : « Il y a un chariot qui passe tous les soirs à neuf heures avec des laxatifs et des somnifères. Je n'ai jamais eu besoin de rien. Mais au moins, ça prouvait qu'on pensait à moi. » Sidéré, le pauvre homme a pris l'habitude de venir me proposer un laxatif tous les soirs avant les informations, pour me montrer qu'il pensait à moi. Mais ce n'est pas tout à fait la même chose.

Chaque accouchement se passe différemment. Tout ce que je peux vous conseiller, c'est de vous méfier des légendes et des croisades inutiles.

Les légendes

« Une femme sait toujours quand commencent ses contractions »

Faux. Les hôpitaux voient arriver des femmes qui sont à deux doigts d'accoucher et qui en sont encore à se demander s'il n'y a pas quelque chose qui cloche et une multitude d'autres qui arrivent deux semaines trop tôt avec une crise de foie ou d'angoisse. Soyez ouverte. Ne croyez pas trop vite aux contractions spectaculaires dont on parle dans les livres et qui vous tombent dessus en plein milieu de *Dallas*.

« *Vous perdrez vos eaux sans le moindre avertissement au beau milieu d'un supermarché. Gênant.* »

Ça peut évidemment arriver. Inutile cependant de vous faire un sang d'encre pendant des semaines et d'éviter les supermarchés. Juste avant la naissance de Rose, j'ai pris la voiture un dimanche matin pour aller acheter le journal et je me suis soudain rendu compte que le siège de la voiture était trempé. Affolée, je suis rentrée à la maison en m'efforçant de conduire prudemment, prise de contractions imaginaires atrocement douloureuses. J'ai exigé que mon mari appelle une baby-sitter pour venir garder l'aîné, qu'on se prépare à me faire une césarienne ou une péridurale, et qu'on m'envoie au plus vite la sage-femme du village. Paul a sauté à la place du conducteur, il s'est arrêté net et il est parti d'un grand éclat de rire. « Moi aussi, j'ai perdu mes eaux », m'a-t-il annoncé. Avant que ça ne tourne au vinaigre, il s'est expliqué. Quelqu'un avait dû laisser la vitre de la voiture ouverte, et comme il avait plu pendant la nuit, la mousse des coussins s'était imbibée d'eau. Au toucher, le siège était sec, mais dès qu'on s'asseyait dessus, c'était une vraie éponge. Petits rires forcés de part et d'autre.

« *Quand vous arrivez à terme ou que le terme est dépassé, vous pouvez déclencher votre accouchement spontanément en vous massant le bout des seins.* »

On prétend que ça produit des hormones utiles. Mais seulement si vous le faites plusieurs heures d'affilée. S'il y a une chose qu'une femme enceinte jusqu'au cou n'a pas envie de faire, c'est de se masser les tétons toute la journée. Croyez-en mon expérience.

« En voiture, évitez les secousses. Elles risqueraient de faire naître votre bébé. »

Il faudrait que la route soit vraiment défoncée. Trente kilomètres sur des petites routes de campagne à bord d'un side-car de l'armée russe n'ont eu strictement aucun effet sur ma belle-sœur. Et elle en était à quarante et une semaine.

« Le moment venu, vous sentirez un irrésistible besoin de pousser. »

Je n'aurais jamais osé remettre en question cette croyance universellement répandue, avant d'avoir eu mon deuxième enfant sans éprouver la moindre envie de pousser quoi que ce soit. Depuis, j'ai rencontré d'autres femmes qui m'ont avoué qu'elles n'aimaient pas pousser non plus. Nous sommes toutes parvenues à expulser nos bébés, attendant l'arrivée des contractions et faisant ce qu'il fallait quand il le fallait. Mais nous n'en ressentions aucune nécessité, seulement une grande lassitude, et le désir d'en finir.

On ne devrait imposer à personne la dictature et les stéréotypes du corps de quelqu'un d'autre.

« Vous ne sentirez qu'amour et émerveillement en apercevant le nouveau-né que l'on vient de poser sur votre ventre. »

Faux. C'est possible, mais pas obligatoire. Sur mes deux accouchements, ça ne m'est arrivé qu'une fois. La deuxième fois, j'étais en train de vomir et je ne rêvais que d'une chose, c'était d'une tasse de thé, pas d'un bébé gluant. Ce n'est pas un drame. Mon mari a tout de suite pris le nouveau-né, en attendant que je retrouve mes esprits. Et tout s'est bien passé. Ce qui nous amène à la plus dangereuse de toutes les légendes...

« Il est essentiel pour l'attachement mère-enfant que celle-ci prenne immédiatement son enfant dans ses bras et lui donne le sein. Si on l'en empêche, elle risque de souffrir de dépression postnatale et sa relation à son enfant risque d'en pâtir. »

C'est une chose affreuse à dire à une mère qui sera peut-être obligée d'avoir une anesthésie générale, qui sera peut-être elle-même malade ou dont le bébé aura été mis en couveuse parce qu'il se trouve dans un état critique. Qu'est-ce qu'elle est censée faire ? Des câlins au chariot qui lui apporte son thé ?

Les êtres humains sont dotés d'une âme et d'un cerveau autant que d'un corps. Il est grand temps que le « lobby relationnel » s'en aperçoive.

C'est encore pire de dire ça à une mère qui n'a pas de problèmes médicaux particuliers, mais qui n'a tout simplement pas envie de prendre son enfant dans ses bras. Elle émerge à peine d'heures de travail épuisantes et de mois de grossesse non moins épuisants. Pourquoi est-ce qu'on la forcerait ? Quand ma fille est née, un gros bébé calme et joyeux, à qui je tiens maintenant comme à la prunelle de mes yeux, je l'ai regardée et j'ai dit : « Mon Dieu, mais quelle sale gueule ! On dirait un requin. » Et c'est vrai qu'elle avait la mâchoire fuyante et un drôle de nez écrasé. J'ai laissé mon mari s'occuper des gazouillis. Vingt minutes plus tard, je lui ai donné le sein, avec succès d'ailleurs, puis elle s'est endormie, et on a emmené mon lit à roulettes dans une autre salle. Un peu plus tard, les infirmières sont venues me voir affolées pour me dire qu'il y faisait vraiment trop froid pour un nouveau-né, et qu'elles n'arrivaient pas à trouver de chauffage d'appoint. Serait-il possible de laisser le bébé à la nursery jusqu'au lendemain matin, ou est-ce que ça me ferait trop de peine ? J'ai répondu que non. Rose, qui dormait à poings fermés, n'a pas passé sa première nuit au pied du lit de sa mère. Avec le premier bébé, on avait passé six heures à se regarder, les yeux dans les yeux ; dans un autre genre, c'était très bien aussi. Mais ça n'a rien changé du tout à notre relation.

C'est dommage, bien sûr, de devoir mettre un enfant en couveuse dès le départ, ou de l'envoyer à la nursery pendant des heures, mais c'est tout aussi dommage de demander à une femme harassée de faire des démonstrations d'amour à son bébé quand elle n'en a pas envie.

Pour beaucoup de femmes, l'amour n'est pas immédiat. Vous pouvez saper le moral d'une jeune accouchée en lui donnant l'impression d'être une mère dégénérée parce qu'elle ne passe pas son temps à s'extasier devant le berceau en faisant des gazouillis.

Les croisades inutiles

Je ne voudrais offenser personne, mais je déplore que certaines causes, autrefois très justifiées, soient devenues plus importantes que les problèmes qu'elles se proposent de résoudre. Pour mon premier enfant, je m'étais nourrie de toutes les théories d'avant-garde sur l'accouchement naturel. J'étais possédée par l'esprit féministe. Lors de ma première consultation, j'avais décrété, à la grande stupéfaction de la sage-femme : « Vous savez, il est hors de question qu'on me fasse un lavement ! » J'avais juré de m'enchaîner aux grilles de l'hôpital plutôt

que de me laisser raser (« cette humiliation rituelle de la femme »). Après seulement deux mois de grossesse, j'étais farouchement opposée à l'épisiotomie, et je récitais des statistiques sur les effets désastreux de l'accouchement déclenché à la première élève sage-femme qui voulait bien m'entendre. Dans les soirées, je poursuivais les obstétriciens, en déblatérant contre le monitoring et les ventouses pendant qu'ils essayaient vainement d'embrocher une mini-saucisse sur un cure-dent. En clair, j'étais une véritable emmerdeuse.

Et le jour J, j'ai eu ce que je méritais. Pour des raisons médicales irréfutables, on a été obligé de déclencher les contractions, on m'a mise sous perfusion et on m'a fait une péridurale pour faire baisser ma tension. Et mon bébé a été sauvé grâce au forceps et à l'épisiotomie. J'avais accepté qu'on me fasse un lavement et qu'on me rase le pubis parce que les manières et le franc-parler de la sage-femme qui s'occupait de moi m'étaient plutôt sympathiques. Elle n'aurait jamais toléré qu'on humilie une femme. Il fallait voir comme elle remettait à leur place les jeunes médecins qui osaient faire les malins.

Le comble, c'est que mon deuxième accouchement a eu lieu dans un hôpital progressiste, favorable aux méthodes naturelles. Et j'ai passé la moitié des contractions à dire des choses du genre : « Vous ne voulez pas me faire une péridurale, mademoiselle ? Vous êtes sûre qu'on ne devrait pas me raser ? Une petite épisiotomie n'accélérerait pas les choses ? Si vous creviez la poche des eaux, hein, docteur ? Je suis sûre qu'on aurait déjà dû me faire un lavement... » En clair, j'étais encore plus emmerdante. Je n'ai pas eu d'anesthésie, sauf un joyeux intermède sous masque (une expérience particulièrement grisante pour qui vient de passer neuf mois sans boire une goutte d'alcool). J'ai eu une déchirure du périnée au lieu d'avoir une épisiotomie, et le résultat était le même.

Moralité : soyez décontractée. Ou alors, si vous y tenez, emmerdez le monde. Ce qu'il y a de bien avec l'accouchement, c'est que c'est la dernière fois où vous pouvez vous conduire comme une malpropre, jurer comme une charretière, commander tout le monde, hurler, gémir et taper sur votre mari sans qu'on vous en tienne rigueur. C'est vous la vedette, c'est vous la prima donna. Profitez-en. Dès que l'autre vedette sera entrée en scène au son de votre dernier juron, vous serez obligée de bien vous tenir, de faire des sacrifices et de redevenir douce. Payez-vous donc un peu de bon temps.

Pour ce qui est des *considérations pratiques*, les hôpitaux vous fournissent une liste de choses à emporter. Mais ils ne mentionnent jamais les culottes jetables. Emmenez-en une vingtaine, vous ne le regretterez pas. Les médecins ne vous encouragent pas vraiment à apporter des choses en salle d'accouchement, ce qu'on peut comprendre. Mais des quantités d'associations recommandent des distractions et des choses réconfortantes. Ça va de l'éponge à de la lecture facile. Voici quelques objets plus inattendus que des femmes ont apportés en salle d'accouchement et qu'elles ont été ravies d'avoir :

- Une paire de grosses chaussettes de laine. (On a le visage en feu et les pieds glacés.)
- Une bombe de désodorisant. (Une amie raconte qu'elle a pété comme une folle pendant tout l'accouchement et qu'elle était gênée de l'odeur. Excusez les détails.)
- Un petit brumisateur quand votre mari commence à en avoir assez de vous éponger la figure.
- Une radiocassette. Mais méfiez-vous. Au moment où le gynécologue s'est approché avec son forceps pour procéder à l'extraction du bébé – il s'agissait du premier – Paul a mis la cassette en route pour que je pense à autre chose. J'ai eu droit aux *Bateliers de la Volga*. Ça n'était pas du meilleur goût, mais ça a fait rire le médecin.
- Un appareil photo. Les photos d'un nouveau-né qui a à peine dix minutes sont formidables. Ils ont un air sage et amusé qui disparaît au bout d'une semaine.

- De la pommade rosat.
- Une guitare. (Une jeune femme a essayé d'obtenir la permission d'apporter un orgue Hammond, mais ça n'a pas marché.)
- Un miroir. Si l'envie vous prend de regarder la tête du bébé quand il sort.
- Un *Gala*. Ce n'est pas exactement ce que je lis d'habitude, mais les « Confidences d'Élodie », lues par Paul d'une voix très snob, m'ont fait rire aux éclats pendant qu'on me mettait le masque et jusqu'au début de la seconde phase du travail.
- Un ordinateur portable avec une pile de DVD si vous êtes équipée des derniers gadgets informatiques. N'importe quel film avec Julia Roberts sera parfait.
- Un pique-nique pour après l'accouchement. À l'hôpital, si vous ratez l'heure des repas, vous êtes bonne pour attendre six heures.
- De la graine de paradis (une graine tropicale d'Inde qui est censée porter bonheur pour les accouchements).
- Un fer à cheval (pour la même raison).
- Un jeu de Scrabble. Mais, d'après une mère, on tourne vite autour du pot : « sang... conception... tubes... Après on a laissé tomber ! »
- Et surtout, ou malgré tout : Le père.

S'il ne veut pas venir, ne le forcez pas. Dans ce cas, une amie, votre sœur ou votre mère feront très bien l'affaire. Mieux vaut qu'il ne soit pas là plutôt qu'il tourne de l'œil ou qu'il traîne des pieds. Mais s'il vient, vous serez peut-être épatée du résultat. Contrairement à ce que l'on raconte, les hommes sont souvent incroyables en salle d'accouchement. Les sages-femmes en sont baba d'admiration.

Parfois même trop. Après la naissance de Rose, une jeune infirmière m'a murmuré d'un ton admiratif : « Votre mari est formidable, vous savez. On dirait qu'il a fait ça toute sa vie. » J'ai rétorqué d'un ton sec que j'en doutais. À moins qu'il ait des activités que j'ignore. Il passe peut-être ses jours de congé à la maternité.

Conclusion

Le temps passé à la maternité a un caractère étrange, presque nébuleux. Conduisez-vous de manière résolument égoïste. Si vous n'avez pas envie d'avoir la visite d'un parent difficile, dites-le.

Une femme dont le premier bébé était mort quand il avait quatre jours avait souffert pendant toute sa deuxième grossesse des insinuations de sa belle-mère à propos des malformations génétiques. « Ce genre de choses n'arrive jamais qu'une fois. » Elle voulait absolument tenir cette vieille garce à l'écart au moins pendant les cinq ou six premiers jours. Mais toutes sortes de professionnels lui avaient répété que les visites à l'hôpital étaient fondamentales pour le bon déroulement des « relations familiales ». Je me suis permis de lui conseiller en secret de ne pas lâcher prise, et même, si nécessaire, de bannir sa propre mère de la maternité pour ne pas être accusée de faire du favoritisme. Quel sens de la diplomatie !

Acceptez aussi de vous faire aider par les infirmières. Les femmes indépendantes et bien portantes se sentent gênées qu'on leur apporte leur repas au lit ou qu'on change les couches de leur bébé à leur place. Au contraire, profitez-en. À la maternité, on repère facilement les novices. Elles se débattent toutes avec la cinquième couche de la matinée, se piquant les doigts avec les épingles à nourrice et importunant leur bébé, tout ça pour prouver qu'elles peuvent y arriver. Pendant ce temps, les récidivistes se reposent sur leurs oreillers en murmurant à l'infirmière : « Vous savez, j'ai un peu mal au dos. Si vous aviez l'extrême gentillesse de changer ma fille, je vous en serais infiniment reconnaissante... »

Elles n'ont plus rien à prouver, c'est déjà fait. Ce qu'il faut se dire, c'est qu'une fois chez soi, tout le monde s'en sort, à moins d'être profondément anormale. Pourquoi vouloir commencer tout de suite quand vous pourriez être en train de manger du raisin dans votre lit et de câliner un joli bébé tout propre ? Si vous vous sentez patraque, que vous êtes incontinente, que vos points de suture, vos hémorroïdes, vos bouts de seins, vos montées de lait, que sais-je encore, vous font souffrir, rassurez-vous, ça passera. Mais ça ne sert à rien de chercher à faire vos preuves dès maintenant et de mettre votre point d'honneur à changer *toutes* les couches.

C'est un phénomène si fréquent de fondre en larmes le cinquième jour qu'à la maternité, ça ne surprend plus personne. Mais ne planifiez pas de visiteurs fâcheux pour ce jour-là et prévenez le futur papa que ça peut arriver et que ça ne veut pas dire que vous avez sombré dans une vraie dépression postnatale.

La seule chose pour laquelle il vaut vraiment la peine de se battre pendant ces jours étranges et chaotiques, c'est l'allaitement à la demande. De nos jours, on est rarement obligée de le faire. Même si ça vous paraît affreux d'allaiter toutes les quarante-cinq minutes, vingt-quatre heures sur vingt-quatre (chaque tétée durant un quart d'heure, ou plus), si c'est ça que le bébé désire, eh bien faites-le. Ça lui évite de pleurer et ça accélère le moment où il se nourrira à des heures raisonnables. (Plus il tète, plus vous avez de lait). Sachez aussi que ça ne sert pas à grand-chose de compléter avec des biberons. Mais parce que vous avez choisi d'allaiter à la demande, ce qui est la plus belle preuve de dévouement qu'un être humain puisse donner à un autre être humain, le reste du temps, vous avez le droit d'être absolument égoïste. Pensez à vous pendant ces quelques jours. Insistez sur le confort, le repos, le calme. Profitez de toute chose. Reposez-vous sur les autres. Après tout, le bébé se repose sur vous. Et pas qu'un peu.

3

Les nourrissons à l'âge du couffin

Tout était prêt dans le minuscule appartement. Le léger désaccord conjugal à propos des bouteilles de vin venait de se dissiper. Finalement, le bébé dormirait dans la salle à manger. Alors que les manuels recommandaient de garder les bébés à une température de 20 °C, le vin, lui, avait besoin de plus de fraîcheur. Elle, elle était pour qu'on coure le risque de laisser le vin s'abîmer. Lui, il était pour qu'on mette le bébé au lit avec un bonnet de laine et une combinaison de ski. Finalement, ils avaient décidé de mettre le vin ailleurs. Soudain, l'assistante sociale vint frapper à la porte, toute pimpante et souriante, inspectant de ses petits yeux alertes le moindre recoin. Mon amie la fit entrer sans se méfier, lui prépara une tasse de thé et alla s'asseoir, impatiente d'entendre les conseils qu'elle allait peut-être lui donner.

« Alors, madame D…, que comptez-vous utiliser, des langes ou des couches jetables ? » lui demanda la fringante jeune femme en uniforme, avec cette assurance déplaisante qu'affichent les célibataires du corps médical quand elles s'adressent à une prima gravida angoissée, de dix ans leur aînée.

« Mais, des couches jetables, bien sûr ! » s'exclama la future maman, ahurie. Mettre le vin ailleurs était une chose, il fallait bien faire quelques compromis, mais passer la journée les mains dans un baquet d'eau sale, c'était tout simplement hors de question. L'assistante sociale enregistra l'information avec un sourire indulgent. « Eh bien, madame D…, nouveau sourire infernal, *inutile de vous sentir coupable, vous savez.* »

Ma pauvre amie resta sans voix. L'idée qu'un quelconque sentiment de culpabilité puisse venir s'immiscer dans sa vision plutôt optimiste de la maternité ne l'avait jamais effleurée. Eh bien, c'en était fait. La culpabilité commença à poindre à l'horizon, blafarde comme une lune de mauvais augure, jetant une lueur terrifiante sur le moindre aspect de la vie parentale.

Dans les semaines qui allaient suivre, les hôpitaux et les grands-mères, les médecins et les inconnus, les belles-sœurs et les prétendus amis s'allieraient pour augmenter l'intensité de cette lumière lugubre.

On peut vous culpabiliser de ne pas utiliser de langes. Et si vous en utilisez, on vous culpabilise parce qu'ils sont devenus grisâtres au bout de quelques lavages. On peut vous culpabiliser de nourrir un bébé au biberon, et même de lui donner le sein : « Le pauvre petit, il a encore faim. Es-tu sûre d'avoir assez de lait ? » La culpabilité se tient tapie derrière la porte de la salle de bains : « Naturellement, moi, j'utilise toujours du coton pour leurs petits derrières, je l'imbibe d'eau tiède que j'ai fait bouillir avant. Jamais je ne toucherai à ces affreuses lingettes glacées qui sont pleines de produits chimiques. » La culpabilité hante les tiroirs des commodes : « Les habits qu'on fait maintenant facilitent la vie des mères, mais quand les bébés portaient des collants en pure laine, leurs petits derrières pouvaient au moins respirer. » La culpabilité pointe son nez dès que le bébé se met à pleurer et vous saute à la gorge dès que vous le prenez pour le consoler : « Tu vas t'attirer des ennuis à le gâter comme ça. Ce n'est pas lui rendre service, au bout du compte. » Elle est embusquée dans la cuisine, guettant le moment où vous dévissez le couvercle d'un petit pot : « Ah, rien ne vaut les purées que l'on fait soi-même. » La culpabilité pose un regard inquiet sur le bébé qui est tranquillement couché dans son panier : « Mon pauvre petit, tu t'ennuies, hein ? On dit que le manque de stimuli les retarde dans leur développement. » Elle secoue la tête d'un air désapprobateur lorsque vous le redressez pour qu'il puisse vous regarder : « Ce n'est pas bon pour leur dos. À cet âge-là, les os sont si fragiles. » Pour vaincre ce sentiment de culpabilité, il faut se transformer en une sorte de John Wayne de la maternité : être dure à cuire, tenace, sûre de soi, et mépriser le monde. Ma Dalton chevauchant seule sur son cheval.

L'autre moyen de s'en sortir, c'est de regarder longuement et calmement votre bébé pour vous apercevoir que, malgré vos nombreux défauts, il se porte plutôt bien. Il vous aime, il est relativement propre et, en ce moment

même, il n'a pas particulièrement faim. Il prend la vie comme elle vient. Le fait qu'il porte une couche en papier, des chaussettes dépareillées et le pull de son frère qui a deux ans, les manches roulées jusqu'aux coudes, n'a pas grande importance. Ni non plus le fait qu'il soit installé dans un carton, calé contre les coussins du canapé et qu'il regarde le *Top 50*. Ni encore qu'il n'ait pas mis les pieds chez le pédiatre depuis des semaines.

J'y avais emmené l'aîné une fois par semaine, notant consciencieusement sur un graphique chaque nouveau gramme et chaque nouveau centimètre. Mais la seconde n'a pas dû voir une balance depuis qu'elle a quatre semaines, et elle a maintenant plus d'un an. À mon sens, elle se porte très bien.

J'avoue que, dans un cas comme dans l'autre, je me suis fait plaisir. *J'aimais* comptabiliser les kilos de mon premier bébé, ignorant les remarques du genre : « Vous en faites trop. Ça ne sert à rien, vous savez. » Avec le second, je n'en avais tout simplement pas envie et c'est pour ça que j'ai laissé courir. Quand, dans un accès de remords, j'ai suggéré à l'assistante sociale que je devrais peut-être emmener Rose chez le pédiatre, elle m'a simplement répondu, elle, une authentique mère de famille : « Ne soyez pas ridicule. Regardez comme elle va bien ! »

Ce qu'il faut savoir à propos des nouveau-nés, c'est qu'ils ont des désirs limités. Mais quand ils veulent quelque chose, ils le veulent vraiment. Inutile de les faire attendre, vous ne ferez qu'augmenter leur colère, et par conséquent la vôtre. Pour finir, ils seront tellement énervés qu'ils ne voudront même plus ce qu'ils voulaient au départ. Ils n'auront plus qu'une envie, c'est de hurler de rage pendant une demi-heure.

Ça peut paraître incroyable, mais il existe encore des puéricultrices et des mères, probablement amnésiques, pour dire : « Le bébé doit savoir qui commande. Laissez-le pleurer. » Ces femmes préconisent une tétée toutes les quatre heures, même pour les nouveau-nés qui n'ont jamais entendu parler d'horloge. Il y en a même qui osent dire : « Quelle paire de poumons il a, celui-là ! », tandis qu'un nourrisson rouge de colère pousse des hurlements de défi sous leur regard impassible. La question de la discipline, le fait de savoir qui commande, tout ça ne vient que bien plus tard. Ce que ces idiotes ont oublié, c'est qu'un bébé évolue. Un nouveau-né n'a rien à voir avec un nourrisson de six semaines qui, dès qu'il voit un hochet, s'arrête de manger. Un nourrisson de six semaines n'a rien à voir avec un enfant qui commence à marcher à quatre pattes, et celui-ci n'a, à son tour, rien à voir avec un enfant de deux ans têtu comme une mule. Il faut environ deux ans pour qu'un enfant devienne assez intelligent pour essayer de jouer au plus malin avec vous. Si vous attribuez les mêmes intentions et les mêmes règles à un nourrisson qu'à un enfant de deux ans, vous ne vous en sortirez jamais.

C'est une chose terrible pour une mère que d'entendre son bébé pleurer. Curieusement, ça l'est beaucoup moins pour les autres. J'ai souvent rendu visite à des amies qui s'excusaient de ce que leur bébé pleurait dans la pièce à côté, alors que je ne l'avais même pas remarqué. Pour elles, c'était un bruit assourdissant qui les mettait au supplice. Toutes les solutions que vous trouvez pour faire taire votre bébé sont bonnes, sauf à décider de l'étouffer ou de le droguer.

Il m'est arrivé de préparer le petit déjeuner en dansant dans la cuisine, une marionnette de Guignol enfilée sur une main, chantant *Frère Jacques* à tue-tête pour calmer mon fils de trois semaines qui pleurait d'ennui. J'ai installé le moïse du bébé avec un mobile sous le porte-serviettes de la salle de bains pendant que je prenais mon bain, et toutes les deux minutes, je tirais sur la ficelle pour faire bouger les papillons et pour qu'il se tienne tranquille. J'ai allaité toutes les trente-cinq minutes sans discontinuer pendant des jours. J'ai supporté des tétées d'une heure. J'ai poussé des petits cris bizarres dans un train bondé pour distraire ma fille de deux mois. J'en suis venue à changer Nicolas deux fois de suite en une après-midi parce que, apparemment, il trouvait ça drôle.

Toutes les mères, et bon nombre de pères, ont recours à ce genre de folies dans le seul but de faire cesser les pleurs. Il le faut bien : même les nouveau-nés ont besoin de faire plus que manger et dormir. Ils ont besoin qu'on les distraie et qu'on leur tienne compagnie. « C'est à ça que se résume la maternité au départ, observe amèrement une de mes amies journalistes, tout va bien tant que vous n'avez rien d'autre à faire. » Et en effet, les yeux à peine ouverts, cette petite chose grognon est aussi avide de plaisirs qu'un dandy parisien ou qu'un adolescent en mal de « raves ». Et on ne peut pas tout le temps lui faire le coup du mobile ou de la boîte à musique.

J'ai demandé à bon nombre de parents de me dire en toute sincérité comment ils avaient fait pour distraire leurs nourrissons avant qu'ils soient en âge de tenir un hochet.

Voici ce qu'ils m'ont répondu.

• Regarder danser les flammes dans une cheminée. Certains parents ont fait du feu en plein mois de juillet exprès pour ça.

• Coucher l'enfant sous la corde à linge. Des parents ont suspendu des vêtements propres sur l'étendage simplement pour que leurs rejetons puissent les regarder.

• Regarder des perruches en cage. « Il faut impérativement qu'il y en ait deux, sinon il n'y a pas assez d'action. »

• Regarder des dessins de Vasarely. (Les années soixante vont enfin servir à quelque chose.) Contrairement aux enfants plus grands qui préfèrent les dessins plus grossiers, les nourrissons ont une prédilection pour les motifs compliqués. Ça leur permet sans doute de mieux appréhender la complexité du monde.

• Poser le couffin sur une machine à laver en cycle d'essorage. Faites attention que les vibrations ne le fassent pas basculer.

• Installer le bébé dans un baby-relax pour qu'il puisse voir ce qui se passe dans la cuisine, ou le mettre devant une machine à laver à chargement frontal. (J'ai toujours pensé qu'un baby-relax monté sur une table rotative trouverait des acheteurs.)

• Les emmener faire plusieurs fois le tour du pâté de maisons en voiture.

• Accrocher des ballons gonflables partout. Le fait de gonfler un ballon, puis de le crever fascine tellement les bébés que toutes les mères devraient toujours en avoir sur elles. (Ça devrait même figurer sur la liste des cadeaux de naissance.)

• Accompagner les hurlements du bébé en criant « Allez les Bleus ! » (Une tactique masculine.)

• Donner au chat une souris en tissu remplie d'herbe à chat extra-forte et installer le bébé devant.

• Dès que le bébé commence à s'intéresser à ses orteils, faites-lui découvrir ses pieds en lui retirant brusquement ses chaussettes. Ça vous laissera quelques minutes de paix.

Si rien de tout ça ne marche, vous pouvez toujours vous rabattre sur vos nombreux parents et amis. Un bébé vif et peu patient sera comblé à Noël. Il se jettera sur tout ce qui lui tombe sous la main : oncles, cousins, voisins, facteurs, etc. Et ne croyez pas qu'en invitant des tas d'amis vous aurez plus de travail. Au lieu de prendre votre bain en tirant sur la ficelle du mobile ou de faire la cuisine avec le bébé sur la hanche, vous pourrez servir le thé à vos invités qui, Dieu merci, auront pris la relève.

Le mieux, c'est encore d'aller à des soirées. Ça vous évite de faire la vaisselle. Quel enfant ne se souvient pas s'être réveillé dans la chambre d'amis devant une grande pile de manteaux, pendant qu'à côté la fête battait son plein ?

À quatre semaines, mon fils connaissait en tout et pour tout trois endroits, la maternité, la maison et le Salon du cheval. Nous avions des amis qui y avaient des invitations à volonté. En plus, le parrain du bébé conduisait un carrosse tiré par quatre chevaux et faisait traverser une allée de feu à un attelage de hongres gris. Chaque soir, je traversais Londres munie de mon couffin, arborant une ample tunique en lamé pour concilier l'allaitement et le sex-appeal. Et chaque soir, Nicolas trônait au premier rang tandis que de charmants Écossais venaient lui glisser des sous dans la main en guise de porte-bonheur. Il souriait à tout le monde, tétait d'un air satisfait, et s'endormait pendant que le maître de cérémonie présentait le numéro de saut d'une voix tonitruante. « Dieu merci, semblait dire le bébé, qui ne perdait pas une miette du spectacle, quelqu'un a enfin compris ce dont j'ai besoin. » Il avait besoin, en guise de distractions, de dix mille spectateurs, de quatre fanfares militaires et d'une rangée de fervents admirateurs.

À la maison en revanche, nous passions des soirées plutôt atroces à essayer de lire ou de regarder la télévision pendant que Nicolas luttait contre le sommeil, pleurnichait, tétait pendant des heures et finissait par s'effondrer vers minuit, deux heures après l'heure à laquelle nous, les adultes, aimions aller au lit.

L'autre gros avantage de confier des nouveau-nés à tout le monde (« Le calendrier des PTT ? Un instant, je vais chercher mon porte-monnaie. Vous pouvez prendre le bébé, s'il vous plaît ? »), c'est qu'ils ont besoin qu'on leur parle. Et vous n'avez pas forcément toujours envie de vous en charger. Dans les manuels spécialisés, après le chapitre sur « l'attachement », vient en général un long passage élogieux sur les mères qui passent leur temps à parler à leurs bébés, qui les laissent contempler leurs visages à loisir, qui leur tirent la langue pour tester leurs réflexes et qui gardent le « contact visuel ». C'est bien joli si vous avez le temps, et si vous avez la chance d'être tombée en adoration devant votre bébé. Mais si vous avez du travail, si vous êtes fatiguée ou simplement déprimée parce que cette petite créature sinistre ne vous donne jamais rien en retour et vous réveille quatre fois par nuit, le fait de devoir lui parler pourra vous sembler une corvée, au même titre que les mille autres choses que vous êtes obligée de faire au cours de vos journées marathons. Malgré tout l'amour que j'avais pour ma fille, il m'a fallu deux mois pour arriver à lui parler. Elle ne souriait jamais, et moi, j'étais fatiguée, toujours un peu patraque, et constamment sollicitée par l'aîné qui faisait des crises de jalousie. Je me suis donc contentée de l'allaiter, suggérant à mon mari et à tous ceux qui voulaient bien s'en charger de lui faire la conversation. Finalement, ce sont eux qui lui ont appris à sourire. Elle m'a alors souri à son tour et m'a appris à apprécier sa compagnie. D'après les prosélytes, c'est là un comportement proprement scandaleux. Elle aurait dû « reconnaître la voix maternelle » et établir avec moi une relation « aussi exclusive que passionnée ». Ma foi, elle s'est rattrapée en établissant une relation passionnée avec tous les gens qu'elle avait sous la main ! Elle finira probablement sur scène en appelant tout le monde « Chéri ».

Il existe des centaines de manuels qui expliquent dans les moindres détails comment s'occuper d'un nourrisson. Je vous épargne un nouveau traité sur l'art de plier les couches ou de sécher un enfant qui sort du bain assise sur une chaise. Je ne suis pour ma part jamais arrivée à maîtriser cette dernière technique. Je soupçonne les puéricultrices d'avoir de très longs tibias, ou alors des chaises faites sur mesure. Je me retrouve toujours à quatre pattes à côté du matelas à langer, comptant avec angoisse chaque petit doigt recroquevillé qui émerge de la manche du tricot.

Mais soutenue par mon fidèle groupe de conseillères, toutes des expertes de la maternité, je vous livre quelques observations qui viennent du cœur.

L'allaitement

N'allez pas croire qu'au début, ce sera une partie de plaisir. Ces dernières années, le lobby mammaire a tellement répété que « le sein, c'est plus sain » que bon nombre d'adeptes ont eu tendance à glisser de manière assez malhonnête sur les désagréments et la fatigue provoqués par l'allaitement durant les premières semaines. Je soupçonne qu'en conséquence de nombreuses mères pleines de bonne volonté ont laissé tomber, convaincues qu'elles faisaient partie de ces rares exceptions qui « ne sont pas faites pour ça ». Et je crois effectivement que quiconque a des mamelons qui saignent, des seins irrités, des montées de lait douloureuses, et un bébé qui, à six semaines, réclame encore une tétée toutes les heures, est en droit de piquer une crise de nerfs. Je me souviens avoir un jour réveillé mon mari en pleine nuit pour lui dire : « Tu veux savoir la vérité ? C'est l'horreur d'allaiter ! » Il y a des quantités de tableaux qui représentent la Vierge à l'enfant, mais dans aucun on ne la voit en train d'allaiter, les dents serrées, les orteils recourbés par la douleur tandis que la bouche de l'infernal nourrisson s'avance pour prendre sa première gorgée.

Cette période atroce finit cependant par s'arrêter. Quelquefois au bout d'une ou deux semaines, quelquefois pas avant quelques mois. Et quand l'allaitement devient un automatisme, c'est formidable. Le sein, c'est effectivement plus sain !

Si vous persévérez, que vous téléphonez à votre médecin pour lui demander conseil en pleine nuit, que vous refusez d'écouter quiconque vous suggère de donner un biberon au bébé pour le « caler », et que de manière générale vous êtes aussi tenace qu'une martyre chrétienne aux prises avec un lionceau féroce, le jour viendra où vous pourrez aller où bon vous semble avec pour tout bagage votre couffin et quelques couches de rechange. Ma fille n'a pas bu une gorgée d'eau pendant quatre mois. Elle ne voulait pas en entendre parler.

Tout le monde sait qu'à tous points de vue, l'allaitement convient mieux aux bébés. Voici sept raisons totalement égoïstes pour lesquelles il convient également mieux aux mères :

• Ça coûte moins cher.

• À la longue, c'est moins pénible. Finies les corvées de stérilisation. Finies les traces de lait en poudre dans toute la cuisine. Finies les inquiétudes à propos des tétines qui vont trop vite, trop lentement ou qui se bouchent. Finies les manips de thermos chaudes ou froides quand vous sortez.

• Le caca est jaune et sent bon la cannelle au lieu d'être dur, vert et pestilentiel comme c'est le cas avec les biberons. Les inévitables rots sentent eux aussi meilleur.

• Vous pouvez aller où vous voulez du moment que le bébé y va aussi. Plus tard, vous pouvez toujours extraire de quoi faire une tétée, et même avoir une réserve de lait congelé. Quand je travaillais pour un magazine de mode, je me servais d'un tire-lait mécanique (En forme de cylindre, c'est le meilleur modèle. Évitez tout ce qui ressemble de près ou de loin aux anciens klaxons de voiture.) pour pomper 25 cl de lait que je stockais dans le frigo de la salle de rédaction, à côté de la bouteille de champagne du rédacteur en chef. Je le rapportais ensuite à la maison, et Nicolas y avait droit le lendemain à midi, pendant que je pompais la tournée suivante dans les toilettes des dames à vingt kilomètres de là. J'ai fait ça du quatrième au neuvième mois. Et n'allez pas croire que ce n'était pas seulement pour son bien. C'était pour pouvoir continuer à allaiter trois fois par jour pendant le week-end sans être obligée de me coltiner les biberons quand on partait faire de la voile.

• Vous avez toujours un moyen infaillible de faire taire le bébé, même quand les premières dents sortent. Ne vous laissez pas décourager par les dents. Nicolas avait toutes les siennes et Rose en avait cinq quand je me suis arrêtée. La seule fois où je me suis fait mordre, j'ai retiré le sein à l'enfant, je l'ai regardé droit dans les yeux et je lui ai dit : « Si tu refais ça, mon coco, je te mets au biberon. » Même à six mois, le message passe très bien.

• Le bébé a apparemment moins d'aérophagie. L'aérophagie est un problème assez ennuyeux, d'autant plus que toutes les vieilles rombières qui se piquent de vous donner des conseils se prennent pour des expertes et mettent la moindre contrariété sur le compte « des dents » ou « des gaz ». Elles se jettent sur le bébé et s'acharnent à lui donner de grandes claques dans le dos en lui tenant le menton entre le pouce et l'index. Une fois seul dans son berceau, le bébé pète de soulagement. Mes deux enfants ont été nourris au sein et n'avaient pas besoin qu'on les aide à faire leur rot.

• Grâce à vos précieux anticorps, le bébé est moins exposé à toutes ces horribles maladies infantiles. On dit que la plupart des défenses immunitaires sont transmises dans le colostrum au cours des deux ou trois premières semaines. Mais il doit y avoir quelque chose dans le lait maternel qui continue à éloigner les maladies. Des dizaines de mères m'ont affirmé que leurs enfants avaient eu leur premier rhume deux semaines après leur dernière tétée.

J'ajouterai à cela la thèse selon laquelle une mère qui allaite maigrit plus vite. Ce n'est néanmoins pas toujours le cas. J'ai commencé à perdre des kilos quand j'ai cessé d'allaiter. Et mon généraliste a bien été obligé de reconnaître que ce n'était pas rare. Mais peu importe après tout. Avec vos yeux cernés, vous n'avez sans doute pas grand-chose d'une bombe sexuelle.

Mais surtout, le meilleur argument en faveur de l'allaitement, c'est que ça vous déculpabilise. L'allaitement coupe court à toute critique. Quoi qu'on dise du désordre qui règne chez vous, des couches grisâtres, des petits pots et des poussettes modernes (« Rien ne vaut un bon landau pour le dos de ces pauvres petits. Et puis, ça les protège des courants d'air. Mais de nos jours, ce qui compte, ce sont les mères, n'est-ce pas, ma chérie ? »), on sera bien obligé d'admettre que vous avez tout fait pour que votre gamin prenne un bon départ. Et vous serez bien obligée de l'admettre aussi. Moralement, votre ego s'en trouve grandi, et physiquement, la prolactine produite par votre organisme au bout de quelques mois d'allaitement vaut bien n'importe quel gin tonic.

Pour ce qui est d'allaiter dans les lieux publics, j'avoue n'en éprouver aucune gêne. Ça me fait mal au cœur de voir un bébé qui pleure en cherchant le sein de sa mère, tandis que celle-ci rougit et s'efforce de le calmer, en s'énervant de plus en plus. Elle devrait y aller franco et le nourrir ! Un jour, Nicolas a eu droit au sein droit dans la salle d'attente du terminal 1 de Heathrow et au sein gauche pendant le décollage. Rose et moi avons eu droit à des séances paisibles dans plus d'un express à quelque cent kilomètres à l'heure. Et je n'ai jamais accepté qu'on me relègue dans la chambre d'amis sous prétexte que j'y serais « plus tranquille ». Tu parles ! Privée de compagnie et d'alcool ! J'ai courageusement allaité devant de vieux homos, devant des curés et toute une gamme de gens prudes. J'ai ri de bon cœur en entendant des paysans faire des plaisanteries grivoises sur des quais de gares : « Le pauvre petit, jamais il ne pourra manger tout ça ! » Je ne suis tombée qu'une fois sur un sombre crétin qui ricanait devant les précautions que je prenais pour allaiter le plus discrètement possible. Mais j'avais alors acquis suffisamment de cran pour lui poser carrément la question : « OK, l'ami, vous préférez qu'il hurle ou qu'il tète ? C'est à vous de choisir ! » Parce qu'il est bien évidemment possible de faire les choses avec discrétion. Il suffit de porter un pull ample et de le remonter de manière à ce que le bébé cache les parties de chair inconvenantes. Je vous déconseille les robes et les soutiens-gorge qui s'ouvrent sur le devant lorsque vous allaitez en public. Quant aux châles, ils ne sont pas mal, sauf qu'ils requièrent la dextérité d'une danseuse orientale, en particulier lorsqu'une petite main extatique a décidé de venir s'y accrocher. Ce qu'il faut vous dire, c'est que, si vous êtes à l'aise, tout le monde le sera aussi. Si ce n'est pas le cas, c'est que vous avez affaire à des crétins. Mon frère, qui est lui-même père de deux enfants, m'a suppliée de citer le point de vue d'un homme (attention, pas d'un hippie, d'un avocat de province tout ce qu'il y a de plus convenable). « Ne vous cachez pas, ne vous exhibez pas non plus, disait-il, allez-y, un point c'est tout. Vous ne choquerez que les imbéciles. »

Cela dit, je dois avouer que je n'ai jamais donné le sein à table, du moins pas chez quelqu'un d'autre. Et je reconnais que ma collègue Helen a raison lorsqu'elle dit un peu vulgairement : « Pendant que toi, tu vois la bouille adorable de ton bébé blotti contre ton sein, les autres se tapent un gros bout de nichon qui bouge dans tous les sens. » Quand mes enfants ont eu six mois et qu'ils ont commencé à faire de grands sourires à tout le monde, je suis effectivement devenue plus pudique vis-à-vis de l'allaitement. Je trouve qu'un bébé qui tète une grande lampée, se retourne et fait un sourire entendu au reste du compartiment fait preuve d'une certaine indélicatesse. Les passagers ont l'impression de ne pas pouvoir rire du bébé sans avoir l'air de rire... heu, du reste. Les efforts qu'ils font pour ne pas pouffer de rire leur déforment la figure et vous font rougir. Mais pendant les quatre ou cinq premiers mois tout va bien. Le bébé est totalement concentré sur ce qu'il fait.

Je me permettrai une dernière remarque sur l'allaitement en public, qui me vient d'une expérience douloureuse. Si vous vous préparez à donner le sein dans le train, que vous déboutonnez votre corsage, tirez votre châle, dégrafez votre soutien-gorge, mettez tout en place avant de vous nicher comme une poule au milieu des plis du tissu, des petits gargouillis nasillards et d'une paire de jambes molles qui s'agitent avec enthousiasme, soyez sûre de l'endroit où se trouve votre billet. Un homme à casquette qui tape impatiemment du pied peut mettre votre dispositif vestimentaire par terre.

J'ajouterai encore autre chose. Que vous ayez choisi de donner le sein ou le biberon, ne vous attendez pas à ce qu'un rythme apparaisse avant le troisième mois. Si ça se produit, chapeau ! Mais s'il fallait faire l'histoire des rythmes qui n'en sont pas, des tempêtes où on allaite en continu, des accalmies qui les suivent, et plus généralement du comportement alimentaire totalement imprévisible et loufoque d'un nourrisson, je ne pense pas qu'on arriverait à produire une théorie qui tienne debout.

La seule chose apparemment utile, c'est de décider d'une heure pour le « déjeuner ». Ça vous permet de diviser la journée en deux. Il peut y avoir trois tétées avant le « déjeuner » et une après, et le contraire le lendemain. Mais au moins, en appelant ça « déjeuner », vous exprimez l'espoir qu'il en sorte un jour un rythme raisonnable. Ça finira par arriver.

Ce qui m'a aidée à traverser la phase chaotique des trois premiers mois de l'allaitement, c'était de ne pas considérer le bébé comme une personne (du point de vue des tétées, s'entend) parce que le fait d'avoir devant moi un être aussi capricieux et irrationnel m'aurait rendue folle. Je le considérais plutôt comme un problème météorologique, une espèce de microclimat impossible à prévoir. On ne s'attend pas à ce qu'il pleuve aujourd'hui à 9 h 30 simplement parce que hier il a plu à cette heure-là ? Bon alors ! Pourquoi vouloir que le bébé mange à 9 h 30 ? Laissez-vous porter par le courant pendant ces quelques mois de délire et d'insomnie, et puis un jour, tout s'arrangera. Le meilleur moyen de parvenir à un rythme, c'est de soudain remarquer, à votre grande surprise, que le bébé réclame sa tétée *grosso modo* à la même heure tous les jours. Imaginez-vous ça. Quelle coïncidence ! Ça ne durera pas... Et puis si, ça dure. Vous avez désormais un bébé qui est réglé. Vous pouvez commencer à décider de l'heure de ses repas en fonction de ce qui vous arrange.

Il n'est entre parenthèses pas rare qu'au cours de ces semaines échevelées les nerfs d'une mère soient mis à rude épreuve. Bon nombre de femmes sont incapables de se détendre ou de dormir dans la journée simplement parce qu'elles anticipent le moment où leur bébé risque de se mettre à pleurer. Qui n'est pas restée allongée dans son lit raide comme un piquet, qui n'a pas relu dix fois le même titre de journal, guettant le moment où le bébé se mettrait à pleurer dans sa chambre ? C'est le meilleur moyen de se gâcher les trois heures de sieste du bébé et d'être irritable quand il se réveille effectivement. La solution, ce n'est pas de prendre du valium. Non, ce qu'il faut, c'est demander à quelqu'un en qui vous avez raisonnablement confiance d'emmener le bébé hors de la maison, de lui faire faire cent fois le tour du pâté de maisons dans sa poussette, après vous avoir juré de ne pas rentrer avant une heure et demie. Votre mère, votre père, votre mari, le voisin, ou un gamin de seize ans un peu dégourdi peuvent vous rendre ce genre de service. Pour vous, ce sera peut-être vital. N'ayez pas honte de le demander.

Nuit et jour...

C'est vous qui vous levez. C'est l'inconvénient majeur de l'allaitement. Les nouveau-nés ignorent encore à quoi sert la nuit. Ils s'en rendent progressivement compte, parce que, passé dix heures du soir, vous êtes nettement moins sociable.

Le deuxième gros problème, après celui de distraire ses enfants pendant la journée, c'est d'arriver à leur faire faire des nuits complètes. Les méthodes dures ne font que prolonger la torture. Vous craquerez avant le bébé. Alors autant vous lever tout de suite. Au début, certains bébés refusent de se rendormir après la tétée, et c'est un vrai cauchemar. Mais ça s'améliore peu à peu. Au bout de quelques semaines, même les bébés les plus coriaces finissent par perdre cette mauvaise habitude. Peu à peu, les nuits s'allongent. Certaines personnes essaient d'accélérer les choses en fatiguant leur bébé le soir. D'autres établissent des rituels élaborés où l'on se met en chemise de nuit, on se brosse les cheveux, on chante des chansons et on va se coucher dans un lit spécial dans une chambre spéciale. Une de mes amies a installé le berceau au pied de son lit. Tous les soirs, elle s'attache le pied aux barreaux avec une vieille ceinture et depuis son lit, elle berce le bébé. (Soit dit en passant, rien n'interdit à votre mari de s'en charger.) Passé quatre ou cinq mois, vous pouvez toujours essayer de proposer un biberon d'eau à votre nourrisson. La plupart des bébés sont malins. Ils comprennent que ce n'est pas la peine de se réveiller pour si peu.

Mais en fait, si vous restez calme, que vous profitez de l'aide qu'on vous propose pendant la journée et que vous n'attendez pas grand-chose de votre minuscule lardon, il y a des chances qu'il se lasse de se réveiller avant vous. « Tout va si vite, m'a confié une mère de trois enfants. On croit que les moments difficiles vont durer éternellement, et puis un beau jour, les enfants sont grands. Avec le plus jeune, c'était un véritable bonheur de se lever la nuit. J'aimais voir ce petit bonhomme téter goulûment à trois heures du matin. D'autant plus que je savais que ça ne durerait pas. » J'ai eu la même réaction avec mon fils. J'étais enfermée dans un bureau toute la journée et je regrettais les huit heures qu'il passait en compagnie de sa nourrice à quinze kilomètres de là. Les nuits représentaient des moments magiques qui n'appartenaient qu'à nous deux. Il me souriait béatement sur son matelas à langer et me caressait tendrement la poitrine. J'avais toujours un Agatha Christie sous la main et je lisais parfois une demi-heure pendant qu'il tétait à moitié assoupi. Quand j'ai fini la collection d'Agatha Christie de la maison, il avait presque dix mois. Trois nuits d'affilée, j'ai envoyé mon mari dans sa chambre avec un biberon d'eau, et il a cessé de se réveiller. C'était la fin d'une époque. Il m'est impossible de passer devant un stand de livres d'Agatha Christie sans éprouver les chatouillis d'une montée de lait.

Les vêtements

Quand on y pense, c'est le seul domaine où l'on peut vraiment se faire plaisir. Un nouveau-né se fiche éperdument de ce que vous pouvez bien lui faire, sauf à l'habiller trop chaudement ou trop légèrement, ou à lui laisser attraper des poux.

Il y a apparemment deux écoles en matière de vêtements. Les partisans du babygro, combinaisons et autres « nids d'ange » qui conseillent de ne pas s'embêter avec les chaussons, les chapeaux, les boutons, les bretelles et autres fioritures. Et ceux qui sont contre les saucissons en éponge. « Habillez votre bébé comme un être humain. C'est plus facile d'avoir affaire à une vraie personne quand on vous vomit dessus ou vous réveille. » Il y a du vrai dans ce second point de vue, même s'il n'est pas toujours facile d'enfiler une salopette de créateur. J'ai toujours habillé mon fils avec de « vrais » vêtements à la mode. Un jour, pour faire plaisir à sa grand-mère, je l'ai affublé du classique cardigan blanc avec bonnet

assorti. Mon mari n'était pas content. « Oh, non, s'est-il exclamé, il a une tronche de bébé maintenant ! » (Nicolas avait environ quinze jours.) Je lui ai remis sa casquette de base-ball et son costume de marin.

Il n'empêche qu'il faut faire la lessive et changer son bébé. À la longue, ça peut devenir fatigant d'habiller un petit mannequin dont la garde-robe représente un travail à part entière. Ma fille a bénéficié d'un habile compromis. En sous-couche, je lui mettais un babygro sur lequel j'enfilais un débardeur multicolore, et parfois, elle avait droit à ces formidables chaussons en mouton retourné qui ont des attaches aux chevilles et qui sont impossibles à enlever.

Après m'être moquée plus d'une fois de ma mère et de son obsession pour les « collants » années cinquante – des pantalons en laine avec des pieds – je suis bien obligée de reconnaître que ce sont des vêtements bien pratiques en hiver. Il faut avouer qu'avec ça, le bébé ressemble à un saucisson en tricot ou à ces chenilles qu'on met sous les portes contre les courants d'air.

Ces histoires de layette sont un terrain curieusement passionnel. Quand on est enceinte pour la première fois, les vêtements de bébé peuvent signifier l'océan inconnu de la vie parentale. Je me souviens avoir déambulé des heures dans les grands magasins, regardant avec effroi les différents modèles de brassière. J'avais déjà du mal à imaginer comment j'allais faire pour que mon bébé reste en vie, sans parler de devoir l'habiller. Maintenant, je suis intarissable sur les bodies avec boutons pressions (la seule chose efficace contre les couches mal mises) et sur la mesquinerie des fabricants de salopettes qui n'ont pas fait descendre la fermeture éclair jusqu'au bas des jambes.

Parmi mes amies, aucune n'est d'accord sur la façon d'habiller les enfants. (Cela ne nous empêche pas de nous échanger des sacs d'habits usés ou mis au rebut parce qu'ils sont devenus trop justes.) Je citerai donc simplement ma belle-sœur sur ce chapitre. Sa maison

est une espèce de plaque tournante du vêtement pour enfant. On parle dans toute la région de sa manière de procéder dans les ventes de charité. « Ne refusez jamais ce qu'on vous propose, déclare-t-elle. Ça peut vous paraître nul, mais ça sera utile quand le reste des habits sera au panier à linge sale. » Dans ces moments-là, le débat être humain/saucisson perd beaucoup de son importance. C'est dommage que ce soit justement à cet instant-là que de la famille qu'on n'a pas vue depuis longtemps choisit de débarquer pour faire admirer à ses amis votre progéniture en guenilles.

L'habitat

Là où j'ai perdu le plus de temps, c'est quand j'ai cru que les nourrissons, ceux qui sont encore trop petits pour se salir en jouant par terre, avaient besoin qu'on les mette en pyjama ou en chemise de nuit le soir. J'ai très vite compris mon erreur, et j'ai même cessé de les changer de conteneur. J'ai mis au point une méthode très efficace de « conteneurisation » qui ferait pâlir d'envie plus d'une compagnie de transport maritime. Le bébé habitait dans un petit moïse doublé de peau de mouton (un modèle que l'on vend pour les prématurés, mais qui apparemment ravit tous les bébés). Le soir, je mettais le panier dans le berceau, au pied de notre lit. Quand on partait en voiture, je le calais dans une vieille nacelle de poussette qui restait constamment fixée sur la banquette arrière. Le reste du temps, je l'installais sur la table de la cuisine ou sur le canapé du salon, bref, il me suivait partout. Comme ça, je n'étais pas obligée de déranger le bébé, et il pouvait faire ce que préfèrent les nourrissons : décider de ses heures de sommeil.

Si j'avais attendu quelques années de plus, j'aurais connu les joies du Maxi-Cosi. Je pâlis de jalousie quand je pense à la génialité de ces sièges amovibles qui se fixent à l'arrière grâce à une ceinture de sécurité (c'est sans risque) et peuvent être posés n'importe où – sur une table de café ou une plage. Il faut simplement faire attention de ne pas y laisser un bébé toute la journée. Eux aussi, ils ont besoin d'être couchés parfois. Si vous n'avez pas à prendre votre voiture, les bons vieux landaus sont une valeur sûre, surtout ceux équipés d'un panier à courses. Il faut simplement un grand couloir.

Organisez le transport de votre bébé comme il vous convient. Vous ne serez plus obligée de décréter que c'est l'heure d'aller se coucher, ni de réveiller votre bébé pour le transporter jusque dans son vrai berceau. Et puis, il vous suffit de glisser au fond du panier quelques couches, une boîte de lingettes, un babygro de rechange, un lange et un tube de crème pour pouvoir le changer instantanément. Vous n'êtes plus obligée de rater la moitié d'une émission de télé ou d'interrompre une conversation pour monter dans sa chambre et vous occuper de lui. Ce dispositif vous épargne beaucoup de mauvaise humeur, et vous avez moins l'impression de vous faire marcher sur les pieds.

Il y a d'innombrables variantes sur le thème de l'habitat portable. Une de mes amies, une femme assez excentrique, se balade avec une petite baignoire pour enfants – elle prétend que c'est génialement léger, que ça protège des courants d'air et que, grâce à la peau de mouton, c'est tout aussi douillet qu'un couffin. Une autre a installé dans chaque pièce un carton dans lequel elle met un coussin assez dur recouvert d'une vieille taie d'oreiller, et elle trimbale son bébé dans un couffin en tissu. (« On nous a mis en garde contre les risques d'étouffement, il faut donc être vigilant. ») Une autre encore vaque à ses activités avec un porte-bébé accroché contre sa poitrine. Mais c'est une ancienne gymnaste, elle a les muscles du cou et du dos particulièrement développés.

Une fois que votre bébé arrive à se redresser, vous pouvez installer des baby-relax ou des baby-bonds un peu partout dans la maison. Ne vous gênez pas pour en emprunter à toutes vos amies dès que leurs enfants savent s'asseoir. C'est un stade qui dure si peu, que même avec un petit réseau d'amies, vous arriverez sans peine à en récupérer au moins trois. Tout bien considéré, il vaut mieux abandonner l'idée de la nursery là où elle est le mieux : dans les feuilletons sentimentaux.

Cela dit, dans tous les magasins pour enfants, on essaiera de vous vendre une table à langer avec de petites étagères coquettes et un plateau extensible pour changer le bébé « sans se faire mal au dos ». Je connais quelques mères qui ne jurent que par ça, mais ne vous désespérez pas si vous n'arrivez pas à trouver les fonds nécessaires. Je n'en ai pas acheté parce que je n'ai jamais trouvé *le courage nécessaire*. Je savais au fond de moi qu'un jour je ferais ce qu'il ne faut jamais faire, avoir une seconde d'inattention le jour même où le bébé aura appris à se retourner. Crac, boum ! Quelle horreur ! Une chute d'un mètre vingt !

Mais c'est vrai qu'à la longue, les matelas à langer posés à même le sol sont mauvais. J'ai donc opté pour un grand panier en osier tapissé de vieilles couvertures. Chez nous, on change les bébés en s'agenouillant près du panier. Personne n'est encore tombé, mais si ça arrivait, le bébé n'irait pas bien loin.

Les voyages

Il y a plusieurs bonnes raisons de voyager avec un nouveau-né. La première, c'est qu'à rester enfermée toute la journée à la maison avec un bébé, vous risquez de devenir chèvre. La deuxième, c'est que plus le bébé grandit, plus les voyages sont difficiles. Question de poids d'abord, et puis vos escapades ne sont plus vues d'un aussi bon œil. Les gens sont en général ravis de faire la connaissance d'un nourrisson qui tète gentiment ou qui somnole dans son couffin. Mais avec un petit vandale qui rôde partout, touche à tout et jette tout par terre, vous risquez de vous faire des ennemis. Surtout si votre enfant en est à ce stade délicat où la moindre entorse à ses habitudes vous vaut des heures de jérémiades accompagnées d'un refus catégorique d'aller au lit. Les nourrissons au contraire n'ont ni habitudes ni idées préconçues. Ils veulent simplement être là où se trouvent Maman, le lait et la peau de mouton. Profitez-en.

Une autre bonne raison de ne pas rester enfermée chez vous, c'est que plus un bébé voit de monde, plus il se liera facilement. Sauf quelques crises de timidité passagères, mes deux enfants sont remarquablement sociables. J'aime à penser que ce don précoce s'est développé en fréquentant les ascenseurs de la BBC, les compartiments de train, les avions, les cafétérias d'autoroute et les maisons de tout un tas de gens.

Une recommandation cependant. Une jeune mère, une femme compétente et comblée, a un jour décidé de faire sa première sortie dans le monde avec son bébé. Pour la première fois depuis son accouchement, elle s'habille avec soin et pour finir met une goutte de son parfum préféré. Une fois chez son amie, elle prend délicatement son bébé pour lui donner le sein, fière de montrer son savoir-faire et la docilité de son fils. Celui-ci se met soudain à pousser des hurlements d'épouvante, il se débat comme un beau diable, refuse de téter et se comporte comme un vampire qui vient de voir un crucifix. *Le parfum de sa mère ne lui plaisait pas.* Dès qu'elle eut compris son erreur et enlevé son parfum, tout rentra dans l'ordre.

Les transports

Les voitures sont des véhicules pratiques, sauf qu'elles peuvent vous rendre folle dès l'instant où votre bébé se met à pleurnicher sur l'autoroute ou dans un embouteillage. Un jour, j'ai fait un aller-retour de trois cent cinquante kilomètres sans que ma fille bronche – elle avait trois mois.

J'avais suspendu au-dessus de son couffin des tas de babioles qui faisaient du bruit. J'avais monté le tout sur une corde, fixant une extrémité à la poignée du jerrycan d'essence dans le coffre et l'autre, à l'appui-tête de mon siège. Chaque fois que Rose se réveillait, je garais la voiture sur une aire de stationnement pour lui donner le sein et la changer. (« Non, non, monsieur l'agent, ce n'est pas la voiture. C'est juste la bande adhésive de la couche qui ne colle plus. Vous n'auriez pas par hasard un bout de scotch dans votre trousse à outils ? ») Ensuite, je la recouchais pour qu'elle puisse regarder ses cymbales en plastique. L'inconvénient de cette installation ne m'est apparu que bien plus tard, un jour où, rentrant à la maison pour donner une tétée, j'étais tombée en panne d'essence. J'avais dû filer au garage le plus proche, traînant derrière moi le jerrycan décoré de sa ribambelle de clochettes qui étaient trop solidement accrochées pour que je puisse défaire les nœuds en vitesse. Mais vous savez, les mères ont l'habitude qu'on les regarde de travers.

Les transports en commun sont désespérants. « Nulle part ailleurs, on ne se sent aussi impuissante et persécutée que dans un bus », m'a confié une mère à qui j'avais posé la question. « Il faut secouer les gens pour qu'ils vous aident. Même chose avec les contrôleurs », déclare une autre d'un ton sardonique. « Évitez d'y aller », recommandent une bonne vingtaine d'autres. Tout cela est vrai tant qu'on voyage sur de petites distances. Les bus sont sans aucun doute la pire invention qu'on ait créée pour une mère et son enfant. Mais que cela ne vous empêche pas de faire de plus longs voyages. L'idéal, c'est le train, en particulier les grandes lignes avec des wagons à moitié vides et des tables pour le couffin. Avant d'avoir six mois, Nicolas avait déjà fait près de trois mille kilomètres en train et pris une dizaine d'avions. Et Rose faisait un aller-retour de cent kilomètres une ou deux fois par semaine.

Ne croyez pas que j'emmène mes enfants par désir de me sacrifier. Non, il se trouve simplement qu'au cours des six premiers mois, je me sens plus tranquille en sachant exactement où se trouve mon bébé et ce qu'il fabrique. J'ai essayé de laisser des biberons et de me dépêcher de rentrer pour donner la tétée suivante. Je trouve ça beaucoup moins reposant que de regarder défiler le paysage en compagnie d'un bébé, et d'écouter son walkman en mangeant un sandwich. Quand j'arrive à destination, je confie mon bébé à la puéricultrice d'une agence avec qui je me suis entendue au préalable. J'en ai pour quelques heures, le temps de faire l'émission. En trois heures, il ne peut pas arriver grand-chose à un bébé qui a été laissé aux soins d'une femme chevronnée et dont la mère se trouve dans un périmètre de cinq cents mètres avec un téléphone à portée de main.

Cela dit, pour réussir un long voyage (comme un court), il faut adopter une approche très professionnelle. Ne vous attendez pas à ce que les choses vous tombent toutes cuites dans le bec. Oubliez les publicités que font les compagnies aériennes sur leurs « couffins des airs » et leurs chauffe-biberons. Ne comptez pas trouver ne serait-ce qu'un gobelet d'eau chaude même dans le train le plus luxueux. Préparez un grand sac qui contienne tout votre barda, y compris une alaise pour changer le bébé, et chargez-le sur votre épaule. Pensez aussi à vous.

J'en ai un jour surpris plus d'un quand, dans la salle d'attente de Heathrow, je me suis penchée sur le couffin, et, après avoir caressé les cheveux du nourrisson endormi, j'ai sorti de sous la couverture une canette de bière et un petit pâté à la viande.

En faisant votre sac, n'oubliez sous aucun prétexte le petit canard qui fait coin-coin (si votre bébé a plus d'un mois). Rien ne soulage autant de l'ennui qu'un bon petit canard qui couine entre les gencives d'un nourrisson. Croc, croc, coin, coin. Un jour, après m'être levée aux aurores pour venir du Lincolnshire à Londres avec le bébé et l'avoir confié à son père, j'ai filé déjeuner avec un rédacteur en chef dans un restaurant très en vogue dans le monde littéraire. Ce n'était pas le lieu idéal pour fouiller dans son sac, appuyer par inadvertance sur le malheureux petit canard et assourdir l'assistance d'un coin-coin certes étouffé mais bien réel. Lord Longford qui était assis à côté de nous a failli avaler sa fourchette...

Une deuxième tactique pour les voyageurs chargés de bébés consiste à longer l'allée du train ou de l'avion d'un pas nonchalant, en brandissant l'adorable petite frimousse aux joues rebondies à droite et à gauche jusqu'à ce que vous entendiez le magique « Areu ! » Installez-vous le plus près possible du « areu » en question. Vous venez de dénicher un fan de bébés, de ceux qui sont prêts à tout pour obtenir un sourire. En règle générale, les vieilles dames et les collégiennes sont ce qu'on peut trouver de mieux, mais pas toujours. C'est à un conseiller à l'équipement que je décernerai la palme d'or. Il a non seulement fait bouger ses oreilles et fabriqué un hochet à partir d'une canette de bière pour distraire Nicolas, mais il n'a pas bronché quand ce dernier lui a mâchonné tout un numéro de son *Bulletin des ponts et chaussées*.

Un bon conseil : ne faites pas de chichis. Il arrive que dans certains avions ou certains trains même un bébé bien élevé et de bonne humeur rencontre des regards glaciaux et horrifiés. De la part d'hommes d'affaires qui viennent peut-être de quitter une maison pleine d'enfants qui hurlent et qui se réjouissent de pouvoir travailler en paix, ou de la part de femmes d'affaires qui viennent peut-être d'abandonner à regret leurs enfants aux mains d'une nourrice.

Un nourrisson vêtu d'une simple grenouillère, au bras d'une mère efficace, vous vaudra plus d'aide qu'une créature éthérée, couchée dans un couffin de rubans et dentelles, flanquée d'une mère qui n'arrête pas de faire tomber chaussons et biberons. Si vous évitez de brandir des couches sales à la figure de célibataires revêches, si vous n'aspergez pas de talc leurs dossiers, vous aurez plus de chances qu'on vous aide à descendre du train avec quelques mots gentils. On vous fera peut-être même des compliments sur le comportement de votre bébé.

Mais ne comptez sur l'aide de personne. Ma Dalton ne doit jamais rien emporter qu'elle ne puisse porter seule. Ne comptez pas non plus rencontrer des gens intelligents. Je suis montée un jour à bord d'un avion avec un bébé d'un mois ; l'hôtesse de l'air s'est empressée de venir vers moi, conditionnée par sa formation à voler au secours des voyageurs accompagnés d'enfants. Elle a évalué la situation, a fait demi-tour sur ses talons aiguilles et est revenue avec un puzzle, la manière officielle de subvenir aux besoins des enfants selon la compagnie aérienne. Je lui ai calmement expliqué que le pauvre petit n'était même pas encore capable de *mâchonner* un bout de puzzle. Elle a tout juste compris ce que je voulais dire. Quand j'ai commencé, avec beaucoup de discrétion et de précaution, à changer la couche de Nicolas sur le fauteuil d'à côté (sur une alaise bien entendu), elle m'a suggéré, pour le bien-être des jeunes voyageurs sans doute, de finir de le changer par terre dans les toilettes, un espace ridiculement petit et répugnant. « Il n'en est pas question », lui ai-je gentiment répondu, et elle est partie d'un air indigné. Mais après le gin tonic qu'on venait de prendre, Nicolas et moi, ça nous était complètement égal.

On a beau faire attention et garder son calme, il peut cependant arriver qu'un voyage avec un nourrisson tourne au cauchemar. Après chaque voyage, je me contente de me dire : « Cette fois encore, tu t'en es bien tirée. » Les mères qui, comme moi, voyagent beaucoup s'en tirent sans doute mieux. On s'habitue aux situations inconfortables. On apprend à évaluer au centimètre près si le couffin va pouvoir tenir sur le siège d'à côté lorsqu'on va prendre son petit déjeuner au wagon-restaurant.

Mais même avec toute l'expérience du monde, les choses peuvent mal tourner. Un jour, j'ai passé trois heures épouvantables dans un train – j'avais été invitée à faire une émission avec deux autres journalistes qui se trouvaient assis en face de moi. Le premier était probablement l'échotier le plus féroce et le plus anti-bébé de tout Londres. Quant au second, c'était un mondain légèrement décadent qui, à n'en pas douter, n'avait pas d'enfant. Il m'était impossible d'aller m'installer ailleurs. Nous étions tous les trois coincés dans le compartiment.

Nicolas avait pleurniché pendant tout le voyage, ce qui n'était pas dans ses habitudes. Il avait tété sans discontinuer, même à l'heure du déjeuner. Il avait rempli un nombre incalculable de couches à l'odeur nauséabonde, et pour le changer, il fallait qu'à chaque fois je m'éclipse aux toilettes. J'étais à court de sacs en plastique. À l'idée que j'allais me faire fustiger par ces deux monstres aux manières doucereuses mais féroces, j'étais de plus en plus sombre, et le bébé, de plus en plus grognon. Il finit par s'endormir peu avant d'arriver. Par sa bouche entrouverte, je découvris le miracle.

« Regardez, m'écriai-je, oubliant la froideur de mon entourage. C'est une dent ! »

Tout le monde était soudain subjugué.

« Ça alors ! s'exclama le mondain décadent. Elles sortent comme ça, d'un seul coup ? »

« Je me souviens de la première dent de ma fille, grommela le méchant échotier soudain métamorphosé. C'est formidable, hein ? Mais jamais plus vous ne verrez son sourire édenté ! »

Quand le train est entré en gare, nous avions tous des mines réjouies, y compris Nicolas, réconciliés que nous étions par ce petit morceau d'ivoire. Les nourrissons ont le chic pour se rattraper juste à temps. Et c'est aussi bien comme ça.

4

Du couffin au vandalisme : les bébés grandissent

Avec notre premier enfant, nous avions institué des tours de rôle pendant les week-ends. À heure fixe, on entendait crier : « Je l'ai depuis 9 h 35. À toi de le prendre jusqu'à midi. » En vacances ou dans les restaurants, on voit des familles s'entendre sur des délais encore plus courts.

« Écoute, ça fait cinq minutes qu'elle est sur mes genoux. Maintenant, c'est au tour de quelqu'un d'autre. On avait dit cinq minutes chacun.

– Oui, mais toi, tu lui as donné ses haricots verts. Pierre et Marie l'ont eue pendant la soupe. Ce n'est pas juste.

– Bon d'accord, donne-la-moi. Mais dans une minute ce sera à Maman de la prendre. Je crois qu'elle en a marre d'être sur mes genoux. Ça ne l'intéresse plus trop de taper sur la table avec la salière. »

Ce n'est pas que personne n'aime le bébé. S'ils ne l'aimaient pas, ils ne l'auraient pas emmené. Et ils ne se donneraient pas tant de mal pour qu'il s'amuse. Ce qui est épuisant, c'est simplement la concentration constante que réclament un esprit en perpétuel questionnement, une paire de mains de plus en plus agiles et une absence totale de retenue.

Certains stades de la petite enfance découragent plus d'un parent. Les manuels répètent qu'un bébé a besoin de jouets, mais ce qu'ils ne disent jamais, c'est qu'il en fera le tour en un temps record. Les jeux éducatifs, les beaux trains en bois, les chenilles articulées, les balles en mousse, tout ça est examiné, repoussé et oublié en l'espace d'une minute. C'est un peu comme si le bébé était en quête d'un Graal : de l'ultime boîte à œufs peut-être, ou d'une cuillère précieuse censée se trouver enfouie quelque part sous les monts de la lune.

Les manuels disent aussi qu'un bébé a besoin qu'on joue avec lui, et que la présence des adultes est une chose stimulante. Alors, vous jouez à faire coucou et à hue dada, vous lui montrez comment mettre un cube dans un trou. Chaque jeu dure trois minutes, et il est debout dix à douze heures par jour. Vous paniquez. Il a jeté tous ses jouets, sorti tous les ustensiles de cuisine. Tout à coup, il tombe sur un rouleau de papier toilette qui le captive. Il ne veut plus que vous jouiez avec lui. Il ne remarque même pas que vous avez quitté la pièce. Découragée, vous finissez de faire la vaisselle, jusqu'à ce qu'un cri de rage vous signale que le charme du rouleau de papier toilette s'est évanoui.

Pendant une courte période, nous avons vécu dans une maison qui était tout à fait inadaptée à notre situation familiale. Le sol de la cuisine, la pièce où nous nous trouvions le plus, était recouvert d'un béton dangereux, et la seule pièce à peu près sûre de la maison était située au premier étage, loin des activités des adultes. Nous nous faisions l'effet d'être un couple de gardes-chiourmes présents seulement pour éviter les catastrophes et empêcher toute tentative d'évasion. Nous n'étions pas particulièrement bien accueillis comme camarades de jeux. L'enfant n'avait qu'une envie, c'était d'explorer toute chose, avec passion et application. Quand il avait fini, il poussait un grand cri signifiant qu'il avait besoin de conquérir de nouveaux territoires. C'était un hiver lugubre, humide et glacial. Nous nous trouvions au fin fond d'une région où nous ne connaissions encore personne. Bref, ça n'allait pas fort. Mais les choses finissent toujours par s'arranger avec un bébé. Rien ne dure très longtemps. Les phases les plus difficiles prennent fin du jour au lendemain.

Avant que ne commence cet hiver infernal, je me rappelle avoir demandé à ma mère – mon fils devait avoir environ neuf mois – au bout de combien de temps on pouvait laisser un enfant seul sur un lit sans qu'il décide immédiatement d'en descendre la tête la première. « Pas avant trois ans, m'avait-elle répondu avec beaucoup d'assurance. Pendant des années, il ne faut pas les lâcher d'une semelle. » Là-dessus, j'ai sérieusement envisagé de me jeter par la fenêtre. Heureusement pour moi, elle avait tort. Toutes les mères souffrent d'amnésie sélective. Elles ne gardent du long tunnel de la petite enfance que de brefs éclairs qui laissent dans l'ombre toutes sortes de progrès salutaires. Après coup, on oublie les fantastiques bonds en avant qu'a faits le bébé, et qui, du jour au lendemain, sont venus changer la vie de ses parents. Pour nous, ça s'est produit quand Nicolas a enfin compris ce que pouvait bien vouloir dire : « Pas dans la bouche ! » Il avait onze mois. Tout à coup, le nombre de choses avec lesquelles il a eu le droit de jouer s'est trouvé multiplié par quatre : pâte à modeler, charbon, bougies, sable, cailloux, pommes de terre sales... C'était formidable. Pour nous, s'entend. Une nouvelle période de calme et de distractions venait de s'ouvrir. Une semaine plus tard, il nous paraissait impensable qu'il ait pu exister un temps où nous ne pouvions pas prendre notre petit déjeuner tranquillement au lit, un petit bout de chou aux anges couché entre nous en train de regarder d'un air extatique une bougie qu'il rêvait de tenir depuis des semaines. Quant au problème du lit, ce dont ma mère aurait dû se rappeler, c'est que les choses se font progressivement. L'enfant contemple d'abord la situation du haut du lit, puis il s'enhardit à jeter quelques jouets pardessus bord, se paie une petite bosse sans gravité, et pour finir, se rend à l'évidence. Les chances pour qu'il tombe iront s'amenuisant, sauf par accident. Plus il deviendra dégourdi, plus les accidents se feront rares. Il n'y a pas grand-chose à faire pour accélérer les choses. Si on laisse à un bébé suffisamment de liberté pour se déplacer, explorer à loisir, découvrir de nouvelles têtes et de nouveaux objets, il s'occupera fort bien d'évoluer tout seul. J'ai failli fondre en larmes quand une mère, une de ces perfectionnistes réprobatrices, à qui j'avais demandé s'il était possible de sauter des étapes, m'avait sèchement rétorqué : « On ne saute pas d'étapes quand il s'agit du développement d'un enfant, et encore moins quand il s'agit de l'apprentissage d'une mère. » Bien sûr que si ! Il suffit d'aimer son enfant, de faire en sorte qu'il ne se fasse pas mal, de le trimbaler avec vous, de lui donner des choses à manger et des jouets pour faire du bruit. Et tant pis pour la psychologie éducative, les massages infantiles et les stimuli extérieurs ! C'est extraordinaire de voir les choses se faire d'elles-mêmes (votre vie s'en trouve aussi facilitée). Vous mettez la table basse au grenier, craignant à juste titre qu'elle ne soit fatale à votre nourrisson qui tient à peine sur ses jambes. Trois mois plus tard, vous vous rendez compte qu'il a grandi et qu'il se lève sans plus s'appuyer nulle part. La table basse refait son apparition. Pendant des semaines, vous vous demandez en tremblant comment faire pour empêcher votre enfant de se prendre la marche du couloir avec son tricycle. Vous lui sautez dessus dix fois pour prévenir la catastrophe. Mais dès que vous avez mis au point un système de rampes et de barrières, il a compris de lui-même où se trouvait le danger et a cessé de s'en approcher. À peine les baby-relax ont-ils été installés dans tous les points stratégiques de la maison que votre enfant se tient assis, vacillant d'un air triomphal sur son petit derrière. Vous continuez par habitude à hacher menu ses aliments. Vous êtes désormais passée maître dans l'art de donner à manger à la petite cuillère. Et puis un jour, vous emmenez votre petite fille dans un salon de thé, et quand tout le monde a le dos tourné, elle pique un petit éclair au chocolat qu'elle mange en entier sans l'aide de personne. Vous installez des barrières au bas de l'escalier, et huit mois plus tard, elles ne servent déjà plus à rien. Les choses se font peu à peu, et ensuite, on ne se souvient plus de rien. Après coup, tout paraît simple.

Les parents se comportent tous un peu comme ces gens qui, à leur retour de week-end, déclarent qu'ils n'ont pas eu une goutte de pluie alors qu'en réalité il a plu des cordes pendant deux jours.

Tout cela signifie que les conseils d'ordre général ne servent pas à grand-chose, et que la visite d'une amie accompagnée d'un bébé un peu plus grand (ou un peu différent) peut vous faire douter de vos capacités.

Ce ne sont que roucoulements. « Oh, disent les mères, avec Marine, les prises électriques n'ont jamais posé de problèmes. Elle a toujours été très raisonnable. Il suffit de dire non, et elle comprend parfaitement… » « Éric sait très bien que son lit est fait pour dormir. Il ne fait jamais d'histoires. Ça a toujours été comme ça, d'ailleurs... » Ou encore : « Sur les questions de sécurité, il faut être ferme dès le début. On a toujours dit à Camille que le feu, ça brûle. Alors évidemment, elle se tient à distance ! Tout est une question d'approche. »

Ce dont ces mères ne se rendent pas compte, c'est à quel point elles mentent. Elles ont tout simplement oublié (comme nous tous, Dieu merci !) que pendant trois semaines, Marine était obsédée par tous les appareils d'éclairage de la maison, qu'il y a à peine deux semaines, Éric hurlait dans son lit en secouant les barreaux, et que jusqu'au printemps dernier, il était hors de question de laisser Camille seule dans une pièce où il y avait du feu. Depuis, trois mois d'été particulièrement chauds sont passés, et elle est maintenant assez grande pour entendre raison. Ou alors, soyons méchants, c'est peut-être que Marine n'est pas très dégourdie et qu'elle n'a pas encore remarqué les prises murales. Rassurez-vous, ça ne saurait tarder !

Il arrive parfois que les spécialistes perdent eux aussi la mémoire et qu'ils passent directement du stade du hochet aux instructions sur la manière de construire une chenille avec une boîte à œufs. Ne gaspillez pas votre énergie Il y a une longue période pendant laquelle le bébé préfère la boîte à œufs. Imaginer, faire semblant, tous ces supports mentaux qui permettent à un enfant de deux ans de s'amuser avec quelques bobines de fil et un bâton ne sont pas encore apparus chez ce gros bébé qui commence juste à bouger et à se poser des questions. Il a l'esprit terre à terre. Ce qu'il veut, c'est la boîte à œufs. Après l'avoir écrasée, mâchonnée, brandie puis jetée (durée approximative : deux minutes et demie), il veut la cuillère en bois. Puis le presse-ail. Puis les clefs de la voiture. Puis le rouleau à pâtisserie. Et pour finir, le couteau à pain, les piques à brochettes et la bouteille d'eau de Javel. Franchement, s'il n'y a pas droit, il fallait les mettre hors de sa vue. En fin de compte, ça vous aurait permis de gagner du temps. Sur le mur de notre cuisine, il y a un panier rempli d'ustensiles, et chaque fois qu'on passe devant avec le bébé, il demande à prendre quelque chose. Autrefois, ce panier contenait, pour des raisons pratiques, un ouvre-boîte, une pelle à poissons et le rouleau à pâtisserie en verre. Ce n'est plus le cas, croyez-moi.

Pendant cette année de transition où l'adorable chérubin emmailloté dans ses langes se métamorphose en vandale de la pire espèce, le bébé fait des efforts surhumains. On s'en aperçoit quand le bébé qui passe son temps à regarder commence à agiter la main. En fait, il voudrait taper. Quand il a appris à taper, il veut saisir. Quand il a appris à saisir, il s'entraîne à lâcher. Ce gros mollasson n'a peut-être pas encore les muscles du dos très développés, mais il se propulse en avant malgré tout. Il veut s'asseoir. L'enfant qui sait s'asseoir veut se mettre debout. L'enfant immobile veut découvrir le mouvement. Pour aller d'un bout à l'autre de la pièce, il met au point des techniques hallucinantes. Il se traîne sur le derrière, il fait le phoque, se laisse rouler ou encore avance par petits bonds. Ma fille a une technique bien à elle, tout dans les coudes et les avant-bras, un peu comme ces personnages de dessins animés qui rampent sur le sable pour atteindre l'oasis.

Les bons jours, ces efforts les amusent pendant des heures. Les mauvais jours, ils n'arrêtent pas de tomber et de rester coincés partout. Alors ils crient vengeance et maudissent l'univers. Vous ne pouvez pas peler une pomme de terre sans être obligée de vous interrompre au minimum deux fois pour leur prêter main-forte. C'est à ce moment-là que votre belle-mère sonne à la porte et fait observer qu'un enfant qui se met debout trop tôt aura les jambes arquées.

Les bons jours, vous avez l'air tout droit sortie d'un magazine de parents. Vous tendez gentiment un hochet éducatif à votre enfant et vous échangez avec lui quelques « Areu » polis pour développer son sens de la sociabilité. Les mauvais jours, vous remarquez amèrement, en contemplant l'océan d'objets à moitié mâchonnés qui jonchent le sol, que chaque nouvelle conquête amène son lot de problèmes. J'ai passé des heures très agréables à apprendre à mon fils comment visser et dévisser un écrou (un jeu recommandé par tous les centres d'éveil). Quelques semaines plus tard, les bouchons et couvercles de la maison ont commencé à se dévisser mystérieusement. J'ai finalement dû interdire à Nicolas de jouer avec les bouteilles de shampooing dans son bain. Apprenez-lui à empiler des briques en espérant faire de lui le prochain Ricardo Bofill, et voilà que la tour en pots de confiture que vous avez brillamment édifiée sur la table du petit déjeuner s'écroule à grand fracas. Jouez à verser de l'eau dans différents conteneurs, jeux thérapeutiques que recommandent tous les pédopsychiatres, et la chaise haute se retrouvera thérapeutiquement inondée de lait tiède trois fois par jour.

Ce qui est également déroutant chez un bébé qui grandit, c'est qu'il a besoin d'une mère différente de celle qui convenait si bien au nourrisson qu'il était auparavant. Un nouveau-né est une créature impulsive, sans le moindre rythme, qui a besoin d'une mère décontractée, vaguement hippie, qui est ravie d'aller se coucher à une heure du matin, de déjeuner à des heures différentes tous les jours, de ne jamais savoir l'heure qu'il est et de ne prendre aucun rendez-vous à l'extérieur. Elle obéit à son nourrisson excentrique et prend la vie comme elle vient.

Et puis à un certain stade (que personne n'arrive vraiment à déterminer, mais qui survient apparemment entre la première dent et le premier mouvement de reptation), cette mère qui était libre d'aller et venir doit se transformer en véritable adjudant, prête à sonner l'heure du déjeuner à midi et quart et à mettre son enfant au lit à une heure pile. Toutes ces choses qui n'avaient pas de sens quand elles s'appliquaient aux nouveau-nés (horaires stricts, heures de repas fixes, pyjama la nuit) deviennent tout à coup indispensables. Ce qui explique sans doute pourquoi les conseillers de tout poil y tenaient tant au départ. Mais c'est une période assez déroutante. Quand mon fils avait onze mois, j'avais très envie de l'inscrire dans un atelier de jeux qui avait lieu de dix heures à midi. J'ai tergiversé un moment sans pouvoir me décider. « Il semble aimer dormir de neuf à onze le matin », me disais-je comme si j'avais encore affaire à une petite crevette d'un mois qui passe sa vie dans son couffin. Et puis un jour, j'en ai eu assez : j'ai décidé que ce serait moi qui prendrais l'initiative. J'ai officiellement déplacé l'heure de la sieste l'après-midi, ct après l'avoir tenu éveillé toute la matinée deux jours de suite en le couchant aussitôt après le déjeuner, il s'est installé dans un rythme qui, à peu de chose près, est toujours valable deux ans plus tard. C'était *mon* rythme. Le sentiment de pouvoir était grisant. Le bébé numéro deux a été soumis à la loi martiale depuis qu'il a six mois.

L'inconvénient des horaires, c'est qu'il faut que vous les respectiez aussi. Ce n'est pas le tout d'avoir un bébé qui se réveille à une heure qui vous arrange, fait des siestes prévisibles et va se coucher à des heures raisonnables. Si vous lui donnez l'impression qu'il peut se passer de dormir après le repas, être fatigué et grognon tout l'après-midi, s'endormir comme une masse à cinq heures et demie, ne pas dîner, se réveiller affamé à dix heures du soir, tenir compagnie à papa maman jusqu'à minuit et s'endormir dans leur lit, vous vous préparez au pire. Ça n'a apparemment pas grande importance quand ça ne dure qu'un ou deux jours, mais quand il s'agit d'une ou deux semaines, c'est autre chose.

Des dizaines de parents vous tiennent des propos du genre : « Avant qu'on parte en vacances, il faisait toujours la sieste. Et puis il a perdu l'habitude. » Ou encore : « Il dormait dans son berceau jusqu'à ce qu'on aille chez Grand-mère, et là il s'est mis à aimer les lits. » Tout ça est très joli tant que la décision vient de vous. Pour ma part, je me suis donné un mal de chien pour conserver un rythme qui me convienne, ainsi qu'au reste de la famille, et qui permette de boucler la journée dans l'ordre et le calme. Je tyrannise nos invités pour qu'ils arrivent assez tôt le dimanche à midi et qu'on puisse se mettre à table à treize heures pile. J'emporte toujours les peaux de mouton et les lits pliants pour pouvoir border mes enfants à l'heure dite. Tous les soirs à sept heures, j'observe avec le fanatisme d'un ayatollah le rituel bain, jeu, histoire et puis au lit.

Que ceux qui soutiennent qu'il faut laisser un bébé exprimer librement ses désirs concernant l'heure de la sieste et du coucher soient prêts à en accepter les conséquences. Pendant les dix heures où ils sont debout, la plupart des enfants que je connais s'expriment suffisamment comme ça...

Ce qu'il y a d'agréable à ce stade, c'est qu'on n'est plus obligée d'appliquer à la lettre les conseils des experts. Quand on s'occupe d'un nouveau-né, on est bien obligée de tenir compte de certains avis et de lire quelques livres. Certaines choses ont besoin d'être stérilisées, la tête du bébé soutenue, ses couches examinées en détail. On est aux prises avec un extraterrestre. Six mois plus tard, les couches et l'alimentation sont plus ou moins devenues des automatismes. Quand vous prenez votre bébé, il vous paraît plutôt solide. Il vous fait des sourires, il participe aux blagues, il aime s'asseoir à table avec le reste de la famille. C'est le moment où les pères les plus indifférents se mettent à craquer, où les adultes se laissent arracher leurs lunettes sans rien dire. Vous

connaissez désormais ses phobies et ses faiblesses (sa peur du velcro, sa passion pour les bananes). Qui pourrait vous donner mauvaise conscience, quand vous avez sous les yeux un bébé qui respire la joie, qui tape gaiement sur la table avec sa cuillère ou qui insulte le chat dans un jargon incompréhensible ?

Le revers de la médaille, c'est que la rivalité entre mères pointe son nez redoutable. Tout le monde devrait comprendre à quel point votre enfant est intelligent, beau, gentil, mais les autres mères ont beaucoup de mal à l'admettre. Sentiment qu'une amie a immortalisé en ces termes : « C'est difficile à expliquer. Mais quand je regarde ton fils, je me demande pourquoi tu t'es donnée la peine de faire un enfant ! »

Les autres enfants s'asseyent avant le vôtre (mais pas avec autant de grâce). Ils disent « da-da » à huit mois. Ils ont une sacrée tignasse (les chimpanzés aussi). Ils dorment plus longtemps, marchent plus tôt et vont même sur le pot à un an. Tout ça est à peu près supportable tant qu'il s'agit d'enfants que vous connaissez personnellement, que vous invitez de temps en temps pour le goûter et que vous pouvez critiquer à loisir une fois qu'ils sont partis. Mais c'est proprement *in*supportable quand les parents, ou pire, les grands-parents, s'en mêlent et commencent à faire des déclarations aberrantes sur leur glorieuse progéniture. Bouchez-vous les oreilles. Si ça vous déprime trop, regardez attentivement les enfants de la famille royale – un grand moment de réconfort pour toute mère normalement constituée – ces marmots ô combien pratiques ont toujours l'air vaguement retardés. Que Dieu les bénisse !

Ce ne sont pas les conseils qui manquent sur la manière de distraire les enfants. Mais pour ce stade précis où les enfants traînent partout et touchent à tout, j'ai choisi de réunir quelques trouvailles récoltées parmi mes amies les plus olé-olé. Certaines suggestions vous paraîtront peut-être complètement tordues, vaguement malsaines, irréalistes ou encore douteuses d'un point de vue psychologique. Mais c'est une des joies de la maternité que de pouvoir critiquer les méthodes des autres, et d'en piquer quelques-unes au passage.

Les distractions

Règle d'or : ne pas s'attendre à ce qu'un jeu dure très longtemps. Les bébés ont besoin qu'on les tienne occupés sinon ils piquent une crise. À la moindre plainte, accourez précipitamment, sortez l'enfant du parc et mettez-le tout de suite dans son trotteur. Quand vous sortez, ayez toujours les poches pleines de surprises (bobines de fil, ballons gonflables, bulles de savon). J'ai toujours beaucoup de succès avec les enfants de tous âges quand je me mets à faire des bulles de savon sur un quai de gare. N'attendez jamais que votre bébé s'ennuie.

Accrochez des babioles qui font du bruit à l'arrière de la voiture. Mettez des anneaux de rideau en bois autour des poignées de la poussette pour que le bébé puisse les mâchonner.

Voici quelques jeux bon marché qui ont été testés dans les chaumières et qui ont remporté un vif succès.

• Déchirer des magazines. C'est encore moins cher depuis que les grandes surfaces vous inondent de leurs immondes publicités. Les journaux sont aussi pratiques. Attention, peu sont comestibles.

• La Rue du Savon en paillettes. C'est le nom donné à un magnifique tunnel construit par un père que je connais, avec de vieux barils de lessive scotchés ensemble. Les enfants se glissent dedans avec délices. Il est resté des années dans la chambre des parents, ce qui leur permettait de se prélasser au lit pendant que leurs garçons se faufilaient entre les barils d'Omo.

• Le placard à casseroles. Il remporte la palme. Toutes les mères que je connais disent que leurs enfants ont vidé le placard à casseroles au moins une fois par jour pendant des mois. C'est d'une telle banalité que je n'y aurais pas fait allusion, sauf pour vous conseiller de vérifier au moins une fois par mois la taille de toutes les casseroles (et des moules à gâteaux, surtout des moules à gâteaux). Histoire de vous assurer que votre enfant ne peut pas se les enfoncer sur le crâne et ensuite, ne plus arriver à les enlever. Si les choses tournent au drame, souvenez-vous qu'une casserole ou un moule à gâteaux en aluminium peuvent se tordre légèrement, et que, la tête d'un bébé étant ovale, si vous appuyez sur le moule à la hauteur des oreilles, vous aurez assez de jeu pour le dégager par le front. Vous pouvez essayer avec de l'huile d'amande douce. Ça aide un peu, mais pas beaucoup.

• Faire des cochonneries. Avec des lentilles, de l'eau, du sable, de la farine, du riz. Évitez de regarder le résultat. Même chose pour la peinture. Le truc, c'est d'arriver à convaincre la grand-mère, le père, la nourrice ou la gardienne que, vu leur créativité et leur sens artistique, il n'y a qu'eux qui soient dignes d'enseigner la peinture à votre bébé. Pendant ce temps, lancez-vous dans une activité reposante, comme de laver la voiture ou d'éplucher des pommes de terre.

• Les petites filles. Dégotez-vous une fillette qui ait entre neuf et treize ans. Avec un peu de chance, elle sera totalement dévouée, patiente et pleine d'imagination, et elle jouera avec votre bébé tout l'après-midi. Certains petits garçons peuvent aussi faire l'affaire, mais (désolée, mesdames les féministes) ils sont moins rassurants et moins délicats.

• Les gens. Remplissez votre maison de monde. Faites refaire l'électricité ou la plomberie. Demandez à différentes entreprises de venir vous faire un devis pour des doubles vitrages. Invitez des tontons célibataires qui mènent une vie oisive et dissolue à venir dormir chez vous. Rien n'est pire que de devoir regarder un bébé dans le blanc des yeux toute la journée. À la longue, ça devient lassant. Mieux vaut encore la compagnie d'un illustre inconnu que pas de compagnie du tout. J'ai conclu un marché avec ma famille (nous sommes nombreux). J'accepte d'inviter tout le monde le dimanche à midi, à condition qu'au moins deux personnes arrivent à dix heures et demie et se chargent de jouer avec les enfants. À Noël, ça va même plus loin. On désigne un oncle de service qui doit arriver à huit heures et demie le matin pour amuser la galerie. Nous, pendant ce temps, on s'occupe de la cuisine.

Toutes ces allées et venues ont rendu nos enfants extrêmement sociables dès leur plus jeune âge. Ils risquent de devenir d'insupportables mondains, ou alors de se transformer en ermites !

• Défaire une valise. Remplissez une valise exprès pour que le bébé puisse la déballer. S'il est encore trop petit pour y arriver, vous pouvez toujours cacher des paquets de chips ou de bonbons dans les plis des écharpes. Préparez la valise le soir. Ça vous permettra de vous prélasser au lit le lendemain matin pendant que votre bébé farfouille gaiement dans vos châles.

• Les livres. Les enfants en raffolent dès leur plus jeune âge. Si vous tenez à votre santé mentale, évitez d'acheter des livres qui racontent des histoires stupides. Ce seront à tous les coups celles que vos enfants préféreront plus tard. Si on m'oblige à lire encore une fois *Jojo lapin*, j'émigre.

• L'évier de la cuisine. Remplissez-le d'eau chaude, déshabillez le bébé et asseyez-le dedans avec quelques gobelets en plastique. Activez-vous à proximité. Un excellent moyen de faire du repassage en toute quiétude.

• La mangeoire à oiseaux. Un spectacle gratuit, qui peut durer des heures. Avec un peu de chance, le chat se mettra de la partie. Pour les gens qui habitent dans des appartements, il existe des modèles de mangeoires agréés par la Société protectrice des oiseaux, qui se collent sur les vitres avec des ventouses.

• Les aliments. S'il n'est pas possible de les gaver sans arrêt de sucreries pour les faire taire, vous pouvez par contre leur donner de cette merveilleuse substance qui s'appelle « Mélange tropical ». Il s'agit d'un assortiment de fruits secs, avec des lamelles de noix de coco, etc. Il n'y a que quelques calories par poignée, et il faut des heures pour la manger. Vous pouvez toujours prétendre que vous cherchez à développer la capacité de préhension de votre enfant et sa dextérité manuelle, au cas où vos amis du groupe « J'élève un génie » choisiraient de débarquer.

• La musique. Ça rend les enfants étonnamment gais et calmes dès leur plus jeune âge. « Reggae Reggae » est le premier mot que mon fils ait su dire.

• Les mégaphones. Ça a l'air bête, mais ça a marché pendant des mois avec ma fille. Quand le bébé pleurniche dans son parc, prenez un gros tube cylindrique (l'étui d'une bouteille de whisky, l'intérieur d'un rouleau de papier ménage ou un petit mégaphone si vous en avez un) et placez-le devant la bouche du bébé qui pleure. Il sera fasciné par la différence de timbre de sa voix, et il passera peut-être la demi-heure qui suit à faire gaiement « tut-tut » dans le mégaphone.

• Maman se couche par terre. Quand vous êtes épuisée, mais que vous avez le sentiment que vous devriez « jouer avec le bébé », sentiment qu'il partage aussi, couchez-vous par terre sur le ventre et laissez le bébé vous grimper dessus. Il adore ça, et c'est peu contraignant pour vous. C'est le genre de jeu que j'aime. Avec mon fils qui a maintenant plus de trois ans, on y joue toujours. Il prétend que je suis une locomotive qui a eu un grave accident, et il inspecte mes roues en donnant de petits coups de marteau. Pour ma fille, je suis un cheval. Et moi, je m'imagine sur une plage de Corfou. On est tous les trois contents.

En fin de compte, le meilleur moyen de rendre un jouet intéressant, c'est de jouer avec pendant quelques minutes d'un air très absorbé, puis de le céder à contrecœur. Plus le temps passe, plus c'est une méthode efficace. Pour finir, le seul moyen de faire mettre un chapeau à un enfant de deux ans, c'est de le porter soi-même pendant une heure, sans rien dire.

Si l'enfant réclame quelque chose que vous n'aviez pas l'intention de lui donner, réfléchissez à deux fois avant de dire non. Les gens qui s'attendent à ce que leurs enfants ne jouent qu'avec de « vrais jouets » se condamnent à des années de conflit et de frustration. Pourquoi n'aurait-il pas le droit de jouer avec la pompe à vélo ? Avec l'embout du tuyau d'arrosage ? Avec la torche sous-marine ? Avec le rouleau de scotch ? Avec un gros pot de crème qu'il ne pourra pas casser ? Avec votre vieux sac à main ? Avec l'aspirateur ? (Nicolas a passé des heures à tenir le manche d'un air à la fois respectueux et rêveur.) Pourquoi ne pourrait-il pas rester assis dans une valise toute la journée ? Plus vous direz non, plus les choses s'envenimeront. L'astuce, c'est de ne pas lui laisser voir les choses qui lui sont *vraiment* interdites.

Chaque année, on lit dans les journaux des articles qui commencent par « Le bébé a encore frappé ! » ou « La petite terreur est de retour ! » Il s'agit d'enfants qui, avant leur premier anniversaire, ont : *Détruit* la chaîne stéréo ! ! ! *Inondé* la salle de bains qui contenait des meubles de grand prix ! ! ! *Coûté* 1 000 euros de tapisserie à leur père ! ! ! *Rayé* une voiture de 20 000 euros ! ! ! etc. (Ces articles sont toujours truffés de majuscules et de points d'exclamations.)

Les parents affirment fièrement dans les interviews : « C'est sûrement le garçon le plus polisson de tout le pays ! On ne sait plus où donner de la tête ! Il nous a coûté des mille et des cents ! » Ils n'ont qu'à s'en prendre à eux-mêmes. Quiconque laisse traîner des feutres près d'une belle tapisserie, pose un vase en équilibre sur une chaîne stéréo, oublie de fermer la porte de la salle de bains ou se laisse aller à toute autre invitation au saccage est trop naïf pour avoir des enfants. Il faut s'attendre sans arrêt au pire.

Le bain

Ce qu'on a trouvé de mieux comme baignoire à l'âge où le bébé commence tout juste à s'asseoir, c'est un grand seau de maçon. Ça soutient le dos du bébé, et vous pouvez être sûre qu'il ne glissera pas. En même temps, il a assez de place pour barboter à son aise. On a mis le nôtre sur notre bateau, mais rien ne vous empêche de l'installer dans la baignoire de votre salle de bains.

Le principal, quand on donne un bain, c'est de rester à proximité. Considérez la baignoire comme un parc avec de l'eau, et faites quelque chose d'agréable pendant ce temps. Vernissez-vous les orteils ou lavez-vous les cheveux. Moi, je lis des nouvelles de Raymond Carver et je joue avec les canards en plastique.

Les repas

Il y a des gens qui étalent des journaux ou des bâches en plastique sous la chaise du bébé. Je préfère pour ma part nettoyer des choses que j'aime comme la maison ou les enfants, plutôt que de dégoûtants morceaux de plastique. Une de mes amies pousse ce principe à l'extrême. Elle affirme que ça ne la dérange pas de laver ses enfants parce qu'elle les aime, mais qu'elle a horreur de laver des vêtements et des bavoirs poisseux. Elle met donc ses enfants tout nus à l'heure du dîner. Elle va même parfois jusqu'à leur donner à manger dans leur bain. Ce n'est pas mal non plus d'avoir un gros chien affamé qui rôde sous la table.

Quant à la nourriture, les enfants comprennent plus vite qu'on ne croit qu'ils peuvent manger avec les doigts. Je donne aux miens quelques cuillerées de Blédine pour me donner bonne conscience, et je les laisse se débrouiller avec un assortiment de petits croque-monsieur, de tartines de miel, de petits pois, de sandwichs au concombre, de morceaux de carottes, de pommes, de céleri, de saucisson (à petites doses), de poisson pané froid, de saucisses, de chips sans sel, de pâtes à la farine de blé complet, d'avocat et de mouillettes beurrées.

Dans les questionnaires que j'ai remis à une cinquantaine de mères, c'est le micro-ondes qui a obtenu le plus de suffrages. « Micro-ondes → centrifugeuse → frigo → micro-ondes → bébé », a laconiquement écrit l'une d'entre elles. Et pas besoin d'être riche. « Je me suis payé un micro-ondes en travaillant dans une station-service comme pompiste quand ma fille était encore toute petite. Elle dormait dans la voiture en m'attendant », se souvient une de mes amies. « Ensuite, j'ai pris un locataire pour pouvoir me payer un lave-vaisselle. »

Tout ce qui vous facilite la tâche est bon à prendre, en particulier si vous mitonnez de bons petits plats à votre bébé. Ne serait-ce que parce vous serez moins énervée s'il décide de faire la fine bouche. Si votre enfant refuse de manger, n'en faites pas un drame, ou vous en aurez pour des années. La solution avec les grévistes de la faim, c'est de les caler avec un grand bol de lait avant qu'ils aillent au lit, et de faire une distribution de vitamines, en priant le ciel pour que tout aille pour le mieux.

Il se peut que vous ayez des problèmes avec les cuillères. Certains bébés prennent l'habitude de les attraper bien avant de savoir s'en servir. Rose avait une technique bien à elle. Elle attrapait la cuillère avec laquelle je lui donnais à manger. Là-dessus, je lui donnais la bouchée suivante avec une deuxième cuillère, qu'elle finissait par attraper elle aussi. Je prenais alors une troisième cuillère, croyant qu'avec les deux mains occupées elle ne pourrait pas aller plus loin. Mais pas du tout. Elle lâchait la cuillère n° 1 pour attraper la cuillère n° 3. Et ainsi de suite... C'est comme ça qu'elle a commencé à manger avec les doigts.

Ce que j'aurais dû faire, d'après une nourrice qui avait plus d'un tour dans son sac, c'est lui mettre un morceau de pain dans chaque main. La probabilité pour qu'elle les laisse tomber aurait été plus faible. Je le saurai la prochaine fois.

Ce qu'il faut retenir, c'est qu'à la longue même le bébé le moins dégourdi apprendra à se servir d'une cuillère. Si ça vous amuse de commencer à neuf mois, le bébé s'en mettra plein la figure. Si la perspective vous effraie, ne vous inquiétez pas. C'est vous qui mangerez le contenu de la petite cuillère.

Malheureusement, la seule chose qui pourrait vous rendre service à ce stade n'est pas de votre ressort. Un bébé chauve comme un œuf est plus facile à laver qu'un bébé avec une épaisse tignasse.

Les dimanches après-midi

J'ouvre une rubrique spéciale simplement pour faire part d'une idée formidable mise en œuvre par un père, sa femme et leur bébé. Le dimanche après-midi, ils prennent le thé devant la cheminée, dans le parc du bébé. Les parents s'installent dans le parc avec les journaux – ils se beurrent des tartines à travers les barreaux – pendant que le bébé a le reste du salon pour lui, loin du feu et des journaux. Comme ça, tout le monde est content.

Le coucher

C'est le plus bel accomplissement de la première année. Rien n'est plus agréable qu'un enfant qui est content d'aller au lit, et d'y rester ! Battez-vous pour instituer ce genre de règle. Ça vous permettra de sortir du cycle infernal où le bébé se met à pleurer, les parents attendent, foncent dans la chambre, énervent leur bébé, redescendent et guettent le prochain hurlement. Le fait d'avoir ou non hérité d'un de ces monstres qui refusent d'aller au lit est une pure question de chance. Notre fils nous a torturés pendant un an, à tel point que c'est tout juste si nous osions le laisser avec sa baby-sitter pour sortir. Un soir, il a tellement hurlé qu'elle a été obligée d'aller chercher du renfort chez le voisin, elle, une femme chevronnée. Soit dit en passant, le bébé s'était instantanément calmé une fois dehors. (Les bébés sont très sensibles aux changements atmosphériques. Même une rue pluvieuse leur fait du bien. En réalité, ils sont trop contents d'être sortis d'une maison qui résonne de leurs cris angoissés.) Étant donné la situation, il était pour nous impensable d'engager des baby-sitters ordinaires. Nous regardions avec envie nos amis, qui abandonnaient leur progéniture à de simples lycéennes et filaient au cinéma sans même un regard d'adieu. Nous étions persuadés de faire les choses complètement de travers.

Et puis Rose est arrivée. Elle a contemplé la situation et s'est rapidement endormie d'un sommeil qui a duré quasiment deux mois, et dont elle émergeait seulement pour téter. Une fois la tétée de la nuit terminée, elle restait sagement dans son berceau. C'est à peine si elle poussait un grognement. Et le lendemain matin, elle se réveillait en souriant, contente de passer encore une heure dans son lit en tétant son doudou. J'ai compris soudain que les parents qui faisaient les malins n'étaient pas des génies. Ils avaient tout simplement eu de la chance. Que le ciel leur vienne en aide si la prochaine fois ils tombent sur un mauvais numéro.

Les familles empoisonnées par un « mauvais coucheur » sont irritables, et particulièrement irritées par les conseils. C'est donc sur la pointe des pieds et en m'excusant à l'avance que je me permets ces quelques observations.

• Certains bébés sont furieux quand on les berce. Si votre bébé n'aime pas ça, ne croyez pas que vous vous y prenez mal. Arrêtez purement et simplement. Cela vaut aussi pour les comptines, le fait de les border et de les emmailloter dans des langes trop serrés. Si votre bébé est en sécurité dans son lit et que sa chambre est bien chauffée, inutile de changer la position dans laquelle il dort, qu'il fasse le grand écart ou qu'il ait roulé en boule toutes ses couvertures sous le ventre.

Méfiez-vous de ce que racontent les vieilles puéricultrices. Souvenez-vous qu'il y a à peine cinquante ans les mères se glissaient dans la chambre de leurs enfants et leur attachaient les mâchoires pour les empêcher de respirer par la bouche.

• Certains psychologues affirment que les couleurs pastel aident les enfants à se détendre. Je ne fais que transmettre. Un soir, j'ai essayé de nouer un foulard rose pâle autour de l'abat-jour « Mickey » de mon fils, mais ça n'a pas été concluant.

• Les enfants trop fatigués ont autant de mal à se calmer que ceux qui débordent d'énergie. Si vous ne couchez pas votre enfant de la journée « pour passer une soirée tranquille », vous risquez de vous retrouver avec un bébé qui, dès six heures et demie, n'en peut plus, fait des crises et ne vous lâche pas d'une semelle.

• Dites-vous bien qu'un bébé n'a pas besoin de s'endormir à l'instant même où il se couche. Certains prennent l'habitude de gazouiller gaiement pendant une heure, trop contents de pouvoir se détendre après une longue journée.

• Présentez le fait d'aller au lit comme une gâterie, pas comme une punition. Si les nounours ne quittent pas la chambre, ces agréables peluches deviendront les habitants d'un monde douillet et amical, où il fait bon se glisser sous les couvertures et regarder les images accrochées aux murs. Ce sont des amis que l'on retrouve avec joie au moment de faire la sieste ou de se mettre au lit. Quant au lit lui-même, faites tout pour que votre enfant ne s'aperçoive pas que c'est en fait un endroit où vous êtes trop contente de le coller au bout d'une longue journée. Et priez pour qu'il n'apprenne jamais à en sortir. Si vous êtes assez inconsciente pour suivre les conseils de ce médecin qui recommande de punir les colères en « enfermant l'enfant dans sa chambre », vous vous rendrez compte que le sentiment d'angoisse s'accumule et reste lié à la chambre pendant des années.

• Les interphones pour bébés sont des instruments bien pratiques pour rendre le coucher attrayant. Certains parents se font mal à l'idée d'entendre le moindre grogne-

ment et le moindre soupir que pousse leur bébé. Ils affirment allégrement qu'on entend toujours un bébé qui pleure vraiment. Mais un interphone de bonne qualité (avec des piles suffisamment puissantes pour que le son ne soit pas déformé) est une invention de génie. Ça vous permet de foncer dans la chambre du bébé à la moindre alerte et de remettre en place le doudou ou le nounours qui s'étaient mis de travers à la grande consternation du dormeur. Cela signifie aussi que vous pouvez juger de l'humeur de votre bébé quand il s'endort ou se réveille. Certains bébés babillent gaiement dans leur lit matin et soir. Sans l'interphone, vous pourriez prendre les « Meuh ! », les « Coin-coin ! » ou les « Papa a dit quelle voiture de merde ! » pour des cris de détresse, alors que ce ne sont que de joyeuses réminiscences de la journée qui vient de s'écouler. Vous serez avertis tout de suite s'ils sont malades, s'ils s'étouffent, s'ils toussent ou s'ils ont du mal à respirer dans leur sommeil. Aussi paradoxal que cela puisse paraître dans le cas d'un objet aussi bruyant, un interphone vous permet de mieux dormir.

• Une fois le rituel du coucher institué (c'est-à-dire vers six mois avec un peu de chance), essayez de ne pas laisser votre enfant ressortir de sa chambre lorsque vous l'avez mis au lit. Il est possible de faire croire à un gamin de trois ans que ses parents vont se coucher en même temps que lui.

• Si jamais il découvrait la vie trépidante que mènent les adultes le soir, il serait peut-être tenté d'escalader les barreaux de son lit et de venir nous rejoindre. Dans l'état actuel des choses, nous jouissons de soirées de liberté silencieuse et sans enfant : un cadeau sans prix. Les quelques incursions au premier étage pour démêler les imbroglios avec un nounours perdu, donner un verre d'eau ou dégager un pied coincé dans un barreau sont un moindre mal.

• Penelope Leach conseille une chose qui, à mon avis, vaut son pesant d'or. C'est d'être toujours disponible

« mais extrêmement ennuyeuse », une fois que l'enfant est couché. Je suis passée maître en la matière. À la moindre alerte, je monte l'escalier et je tends un verre d'eau au bébé d'un air sinistre. À supposer que votre enfant pleure simplement parce qu'il a envie que vous lui teniez compagnie, il finira par comprendre que ça ne vaut pas le coup de pleurer pour voir arriver un zombi qui lui dit : « Tu ne dors pas encore ? Allons bon ! Voilà ton gentil nounours. Allez, bonne nuit. » À trois heures du matin, je peux vous dire que je ne suis effectivement plus intéressante du tout.

• Une tasse de lait chaud donnée vingt minutes avant de mettre l'enfant au lit – pour remplacer la tétée – fait office à la fois de rituel et de sédatif.

• En parlant de rituels, il est encore trop tôt pour s'en soucier à cet âge-là. Vous verrez qu'ils se mettront en place d'eux-mêmes dans les années qui suivent. Quand votre enfant atteindra cinq ans, le fait d'embrasser l'une après l'autre, et dans le bon ordre, toutes les peluches, de réciter les trois mêmes comptines et d'arranger la couette aux quatre coins du lit vous paraîtra une affaire de pure routine.

En revanche, en utilisant une ou deux locutions, vous pouvez faire comprendre facilement à un bébé de dix mois que l'heure d'aller au lit est venue. « Bon, le marchand de sable va passer ! » dit le papa en adoptant un ton particulier de bonhomie désespérée. Et le bébé sait ce qu'il en est. C'est la fin de la journée. L'heure fatidique. Pas la moindre chance d'y couper.

Mais comme je l'ai dit plus haut, si vous êtes en pleine crise à propos du coucher, ces conseils ne feront que vous irriter davantage. Souvenez-vous que vous essayez simplement de faire en sorte que votre bébé reste dans son lit et qu'il ne pleure pas. Pas forcément qu'il s'endorme sur-le-champ. Si vous acceptez cela, vous avez déjà fait la moitié du chemin. Il suffit d'une lumière tamisée, de quelques peluches en tissu et de quelques livres pour l'encourager à rester dans son lit. Et, avantage supplémentaire, s'il aime jouer dans son lit le soir, il y a de fortes chances que ça lui plaise aussi le matin quand il se réveille. Pendant ce temps, vous êtes au fond de votre lit et vous entendez, dans un demi-sommeil, ses cris et ses rires dans l'interphone. Comme réveil, j'ai connu pire.

5

Comment se séparer des tout-petits

Jusqu'à ce jour, j'ai toujours été incapable de pénétrer dans les locaux de la BBC sans sentir la terreur m'envahir. Ça n'a rien à voir avec le fait de passer à la télévision. (Comparée à la maternité, l'expérience est plutôt reposante.) C'est en rapport étroit avec les nourrissons.

Voici pourquoi. Un soir – mon fils devait avoir trois mois – j'avais rendez-vous à la BBC pour enregistrer deux épisodes d'un jeu télévisé. Étant donné que Nicolas ne faisait aucune difficulté pour prendre son biberon, j'avais décidé (une grande première) de le laisser à mon mari plutôt que de faire le gymkhana habituel avec le lit pliant, le sac à langer, la puéricultrice et tout le tralala. L'enregistrement devait durer au minimum cinq heures. Tout le monde était prêt, le public, les invités et les différents concurrents. Il est impossible de se faire remplacer dans ce jeu. C'est l'un des enregistrements les plus compliqués à organiser que je connaisse. Et j'étais un des rouages de la machine. Il était hors de question que je me décommande, à moins que mon fils soit à l'agonie.

Que s'est-il passé ? À six heures du soir, j'ai téléphoné à mon mari (il restait encore quatre heures à tirer, et j'étais enfermée dans ce donjon que sont les locaux de la

BBC, à une demi-heure de chez moi). « Ça fait une demi-heure qu'il hurle, me dit-il, il refuse de prendre son biberon. Je ne sais plus quoi faire. »

Je n'ai jamais autant paniqué de ma vie. En une seconde, j'étais inondée de sueur et de lait, je ne voulais rien entendre, j'avais mal partout comme si je venais à nouveau d'accoucher ; bref, j'étais en pleine tempête hormonale. Une des invitées, une actrice à qui je suis éternellement reconnaissante, m'a entraînée hors du studio, m'a fait asseoir et m'a aidée à me refaire une beauté, avant de retourner sur le plateau. Bizarrement, une fois les projecteurs allumés, je suis arrivée à faire l'émission à peu près correctement. Mais, à chaque pause, nouvelles inondations et nouvelles crises de panique. Finalement, vers dix heures, j'ai sauté dans un taxi, le suppliant de me ramener chez moi au plus vite. Une fois arrivée, je me suis précipitée dans la maison en pleurant, pour voler au secours de mon fils bien-aimé.

Qui, bien entendu, dormait paisiblement depuis six heures dix !

La plupart des mères ont vécu ce genre d'histoire. C'est toujours douloureux de se séparer d'un enfant pour la première fois. C'est douloureux quel que soit son âge, qu'il soit malade, contrarié, ou que sa nourrice ne soit pas celle que vous lui souhaiteriez. Un jour, j'ai pris le train pour Londres en pleurant comme une Madeleine parce que je venais de laisser les enfants entre les mains d'une nourrice avec qui je m'étais disputée juste avant de partir. Elle m'avait donné sa démission et restait en attendant que je trouve quelqu'un d'autre. Comment laisser des enfants encore petits à quelqu'un qui vous déteste ? J'ai longuement hésité à rester avec un enfant qui avait un rhume et de la fièvre, au lieu d'aller présenter une émission de radio en direct à cent trente kilomètres de là. Quelle est la gravité du rhume ? Est-ce dangereux ? Est-ce qu'il risque d'empirer tout à coup ? Fera-t-on à nouveau appel à moi pour une émission de cette importance si je me dégonfle à cause d'un simple nez qui coule ? Je suis tombée en panne d'essence sur une route de campagne déserte en rentrant à la maison pour donner une tétée. J'ai forcé mon mari à quitter un gala (On est parti *avant* les discours. Le choc ! L'horreur !), parce que j'avais le pressentiment qu'il était arrivé quelque chose au bébé. Chose intéressante, je crois que c'est à ce moment-là qu'il a compris que la paternité avait changé sa vie pour toujours. J'avais pourtant fait preuve de savoir-vivre et attendu la fin du vin d'honneur pour faire ma scène. Oh, que c'est dur de laisser ses enfants !

C'est dur certes, mais qu'est-ce que ça peut être agréable ! J'ai aussi connu des moments de pur bonheur à descendre la rue en trottinant d'un pas léger sans poussette ni sac à langer pour arriver dans un bureau rempli d'adultes qui n'avaient pas tout le temps le nez qui coule. J'ai poussé des cris de joie en allant dîner au restaurant sans couffin. J'ai fait les magasins en sautillant allégrement, les mains et l'esprit enfin libres après de longs mois de servitude. J'ai voyagé assise en face d'une bande d'enfants geignards en remerciant le ciel que ce ne soient pas les miens. Et je suis revenue revigorée, même au bout d'une heure ou deux, prête à reprendre le collier.

C'est une bonne chose d'arriver à se séparer de ses enfants de temps à autre. Ça redonne un peu de saveur à l'existence. Si vous n'y arrivez pas, ça ne sera facile ni pour vous, ni pour eux, quand par exemple, vous serez obligée d'aller à la maternité pour avoir un deuxième enfant. Même une mère à temps complet, aussi dévouée soit-elle, doit apprendre à passer le flambeau.

J'ai délibérément séparé cette question du sujet épineux « des mères qui travaillent », pour insérer ce chapitre après ceux des nourrissons et des enfants qui grandissent. Dites-vous bien que plus vous commencez tôt, plus ce sera facile.

Quand j'ai demandé à mon panel de mères – ce sont toutes des femmes intelligentes, dévouées et responsables, dont certaines travaillent et d'autres pas – quelle était la meilleure manière de laisser un enfant pour la matinée, je n'ai obtenu de consensus sur rien.

« Dites-lui au revoir d'un ton enthousiaste, dit une mère, évitez les adieux déchirants. Partez, un point c'est tout. »

Une autre déclare énergiquement : « Ne perdez pas de temps. Prenez vos affaires et partez. »

Une autre, en revanche, soutient : « Attendez qu'il soit prêt. Ne l'abandonnez pas brutalement. »

Beaucoup sont pour leur donner à manger en guise de consolation. Voici ce qu'une mère conseille : « Disparaissez au moment où elle entame un de ses biscuits pré-

férés. » Une autre a simplement écrit : « Collez-lui un biberon et filez ! »

« Ne partez jamais sans dire au revoir », déclare une mère, alors qu'une autre recommande avec autant d'aplomb de « disparaître sans rien dire pendant qu'elle regarde ailleurs ».

À les écouter toutes, vous risqueriez de ne plus savoir à quel saint vous vouer. Toutes ces méthodes se valent pourtant. J'ai compris cette grande vérité un jour, en expliquant à mon fils de deux ans que Maman partait en voyage à Londres et que le lendemain, après sa sieste, il aurait droit à un joli petit hélicoptère. Pendant ce temps, je faisais des gestes frénétiques à la nourrice pour qu'elle distraie le bébé le temps que j'arrive à la voiture.

Les méthodes changent au gré des âges et des enfants. On peut donner un de ses pull-overs à la nourrice ou l'asperger de son parfum (c'est cher, mais ça vaut le coup). Mais pareille usurpation risque de terrifier un enfant plus grand. Mon fils se met en rogne dès qu'il aperçoit un homme qui ressemble à Papa, et que Papa est en voyage.

Les nourrissons marchent à l'instinct, alors que les plus grands savent qu'ils n'ont qu'une seule maman, qui revient toujours. Ils acceptent d'avoir une remplaçante, mais une remplaçante déguisée en maman les terrorise. Elle ressemble à Maman, et pourtant ce n'est pas Maman. Argh !

Vous pouvez aussi choisir de vous « volatiliser » pendant que le bébé regarde ailleurs. C'est un truc qui marche pendant des mois. Le moment où l'on referme la porte derrière soi est si pénible qu'il vaut mieux l'épargner au bébé. Mais dès qu'un enfant est en âge de comprendre, il arrive un moment (précisément dix-huit mois dans le cas de mon fils) où, si vous continuez à vous « volatiliser » sans rien dire, il commence à penser que vous pourriez bien vous « volatiliser » n'importe quand. Du coup, il est incapable d'apprécier votre présence parce qu'il se demande combien de temps vous allez rester.

Vous pouvez encore adopter la méthode du « on fait un dernier jeu ». Ça dépend de l'humeur de votre enfant et du stade où il se trouve. Parfois, le fait d'obliger Maman à lui raconter une dernière histoire lui apporte la preuve du pouvoir qu'il a sur elle. Parfois aussi, ça ne fait que prolonger la torture, et il vaut mieux tout simplement s'en aller.

Paradoxalement, plus vous connaissez votre enfant, et plus vous en êtes proche, moins vous aurez de mal à le quitter. Vous saurez à la nuance près comment vous tirer d'affaire et s'il en sera affecté. Si vous vous y prenez bien, il y a tout à parier que ça ne lui fera ni chaud ni froid.

Voici l'un des conseils les plus intelligents qu'on m'ait donné quand j'ai commencé à laisser mes enfants. « Ne vous attendez pas à ce qu'ils réagissent quand vous partez. Ne soyez pas vexée si ça les laisse indifférents. » Franchement, au-dessous de dix-huit mois, un grand nombre d'enfants sont ravis de pouvoir passer une matinée, et même une journée, en compagnie d'une gardienne qu'ils connaissent relativement bien. Je crois même que le changement n'est pas fait pour leur déplaire...

Cela dit, il s'agit de votre bébé, et vous êtes la seule qui puisse juger de ce qui va se passer. (Ça n'est d'ailleurs pas facile.)

Voici quelques réflexions utiles pour l'heure de vérité.

- Certaines recherches récentes sont venues confirmer ce que la plupart des parents savaient déjà. Que même les tout-petits sont capables de sentir à quel point leurs parents les aiment. Si vous témoignez beaucoup d'affection à votre enfant chaque fois que vous êtes avec lui, il arrivera mieux à supporter votre absence. Si vous vous sentez coupable de partir, le bébé le sentira, et ça ne lui plaira pas beaucoup.

• Même les enfants qui hurlent de rage quand leur mère s'en va se calment en général dès qu'elle a le dos tourné. C'est une maigre consolation pour la pauvre mère qui se dirige en pleurant vers l'arrêt de bus, l'estomac retourné. Certains parents ont inventé un système qui permet à la gardienne de les avertir, grâce à un ballon ou un drapeau placé à la fenêtre, que la crise est passée. Dehors, sous la pluie, la mère lève des yeux éplorés vers la fenêtre, comme une héroïne de film sur la Résistance, et, apercevant le signal indiquant que la voie est libre, elle descend la rue comme si elle se réjouissait de la Libération.

• Les gardiennes, les nourrices, les grands-mères, les voisines, etc., n'apprécient pas toujours que vous leur demandiez des comptes sur ce qui s'est passé quand

vous êtes partie, ce qu'elles ont fait dans la journée, et si l'enfant vous a réclamée. Mais vous avez parfaitement le droit de leur demander si vous avez envie. Après tout, vous êtes en train de vous constituer un dossier sur ce que fait votre enfant quand vous n'êtes pas là.

• Les enfants vraiment difficiles se calment parfois mieux quand ils sont chez eux. Une amie qui n'avait pas les moyens de se payer une gardienne particulière est parvenue à convaincre celle qui s'occupait de son enfant de venir chez elle avec ses trois autres pensionnaires. Ça n'a pas été sans mal pour la maison. Mais le petit casanier était content. Et la gardienne n'était pas fâchée de changer de décor. Quant aux parents, ça leur était complètement égal. Cela dit, ce genre d'arrangement est plutôt rare.

• J'avais trouvé un bon compromis quand j'ai commencé à confier mon bébé à une nourrice. Je la faisais entrer, je lui installais le bébé sur les genoux et j'attendais qu'il lui *fasse un premier sourire de reconnaissance*. Là-dessus, je m'éclipsais en vitesse. Mon attente record est de douze minutes. J'ai raté mon train, mais après, j'étais soulagée.

• N'ayez pas peur de donner des consignes précises à la baby-sitter, même si ça vous donne l'impression d'être un peu chochotte. Hier soir, je suis partie en disant : « Nous allons au Salon du cheval. Mais en cas de problème la police peut nous faire prévenir par micro. Les numéros de la police et des pompiers se trouvent dans le calepin noir à côté du téléphone. Il y a aussi le numéro du pédiatre et le numéro personnel de ses associés. Anne, la voisine en bas de la rue, était infirmière dans les colonies et son mari a tous les outils qu'il faut. (Référence au jour où l'on pensait qu'il faudrait lui emprunter sa pince à métaux pour découper le moule à gâteaux que Nicolas s'était enfoncé sur la tête.) Nancy, la voisine d'à côté, sait où se trouve le disjoncteur du grenier au cas où il y aurait une panne de courant. Si Rose se met à pleurer, c'est sûrement qu'elle a perdu son doudou. Si vous jugez utile de redonner de l'aspirine à Nicolas, attendez dix heures et demie. Ah, et si la maison prend feu, une fois que les enfants ont été évacués, dites aux pompiers qu'il y a un canard dans une boîte en carton au premier étage. S'ils pouvaient essayer de le sauver, il y a une échelle dans le... » Vous avez un peu l'impression de ressembler à la tante de James Thurber qui, tous les soirs, entassait la totalité de ses possessions devant la porte de sa chambre pour dissuader les cambrioleurs éventuels de venir l'assassiner. Mais ça vous permet quand même de partir l'esprit plus tranquille.

• Une grande source de réconfort pour les parents qui s'en vont, c'est d'avoir inculqué à la baby-sitter ce principe fondamental qui veut qu'en cas d'urgence elle appelle d'abord le médecin plutôt que d'essayer de vous joindre au fin fond d'un bureau. Rappelez-lui aussi que les médecins sont *payés* pour se faire déranger en cas de problème.

Un matin, à sept heures et demie, j'ai dû filer à l'hôpital avec Nicolas (le cabinet du médecin était encore fermé, je n'avais aucun moyen de transport, et Nicolas s'était ouvert le front sur l'interphone). J'ai couru au coin de la rue, et j'ai réussi à convaincre une voiture de police de me conduire à l'hôpital. Au début, ils m'ont conseillé d'appeler une ambulance. J'ai été obligée de taper du pied pour obtenir ce que je voulais. Ensuite, au service de traumato (qui était plein de poivrots sinistres), on m'a annoncé que le médecin n'arriverait pas avant huit heures et demie. Là encore, j'ai dû taper du pied, menaçant de les dénoncer à l'Ordre des médecins. (C'est bien comme ça que ça s'appelle, non ? Je n'en avais aucune idée, pas plus que la standardiste d'ailleurs.) J'ai fait remarquer que, puisqu'on était à l'hôpital, il devait bien y avoir un toubib pour s'occuper d'un bébé qui s'était ouvert le crâne. J'ai finalement obtenu qu'un médecin recouse mon fils. Même les sinistres poivrots m'ont applaudie. Si j'avais été une jeunette timide, polie et peu sûre d'elle, j'aurais sûrement dû poireauter une heure en épongeant le front du bébé tout en me demandant s'il n'avait pas un traumatisme crânien. Depuis, je prends toujours des nounous qui ont du caractère et qui ne se laissent pas démonter. Je complète leur éducation par de nombreux exemples et préceptes. Il vous faut quelqu'un de fiable à 100 %.

• Les absences d'une nuit nécessitent une approche un peu différente. Le fait de partir en douce une fois qu'ils sont couchés peut certes vous donner de l'avance. Mais soyez extrêmement vigilante. Si vous sentez qu'ils commencent à croire que vous disparaissez chaque fois qu'ils ont le malheur de fermer l'œil, arrêtez-vous tout de suite. Sinon vous allez vous retrouver avec des enfants qui ne voudront plus dormir. Annoncez-leur tout simplement que vous partez.

• Ne vous formalisez pas si après une assez longue absence votre enfant vous ignore ou est désagréable. C'est fréquent et ça ne dure pas, même si, sur le moment, c'est extrêmement pénible. Il m'est arrivé de rentrer tambour battant, me réjouissant de retrouver mes chers petits, et d'être accueillie par un silence glacial, pendant que les enfants serraient ostensiblement le cou du papa ou de la nourrice. J'ai en général droit à une grosse crise à l'heure du bain, et ensuite, on fait la paix.

• Si vous avez envie de partir en vacances sans votre bébé (c'est apparemment rarement le cas des mères qui travaillent, mais celles qui restent à la maison en éprouvent sans doute plus le besoin), faites-le avant qu'il ait dix-huit mois. À mesure que s'approche le cap difficile des deux ans, votre enfant supporte moins bien vos absences. Il a davantage la notion du temps qui passe et s'imagine que vous l'avez abandonné pour toujours. Le fait de partir deux semaines à l'étranger en laissant votre bébé d'un an chez la grand-mère peut être une expérience tonique. En revanche, ce même voyage, s'il est suivi d'un mois et demi de crises, de cauchemars et de questions déchirantes, du genre « Maman, tu m'aimes ? », a un arrière-goût amer.

• Pour finir, permettez-moi de citer ma mère qui, pour la première fois, venait passer la nuit à la maison pour s'occuper des enfants. Elle m'a dit avec un sourire angélique : « Nous nous en sortirons, ma chérie. Je ne te garantis pas que je saurai comment boutonner les pressions de ces brassières modernes, ni mettre en route ton four à micro-ondes, mais ce qui est sûr, c'est qu'on sera encore là demain matin. » Et ce fut le cas.

6

Double emploi : travailler et materner

Malgré une politique visant à encourager le retour à l'emploi des jeunes mères et un énorme changement dans les mentalités au cours des vingt dernières années, personne ne semble avoir une très haute opinion de celles qui recommencent à travailler à plein-temps avec des enfants en bas âge. Et pour cause : c'est une source de culpabilité majeure. Même une mère qui travaille à mi-temps peut fondre en larmes parce qu'une mère au foyer lui a glissé avec un sourire compatissant : « Oh, ça doit être affreux pour vous. » Chacun ses priorités, bien sûr. Mais ils grandissent si vite, et ce sont des années qui comptent tellement. Les employeurs ne sont pas non plus d'une grande aide. Ils ont tendance à se dire que *leurs* priorités passeront au second plan une fois votre instinct maternel réveillé. Et vos collègues sans enfant vous soupçonneront (non sans raison) de vouloir partir pile à l'heure et de prendre des RTT pour assister aux innombrables spectacles de l'école. Et il arrive même que certains maris fassent preuve d'hostilité à l'égard de la malheureuse épouse qui gagne sa part de l'argent du ménage. « Ce n'est pas très flatteur pour moi qu'elle largue les mômes pour aller travailler », leur soufflent leurs vieux instincts de chasseur. Même vos soi-disant alliés jouent un double jeu. Dans les magazines pour parents, on ne parle que de voyages scolaires, d'enfants à la rue, de pièces de fin d'année, d'équipement de sport et autres sujets qui se rapportent uniquement aux enfants déjà scolarisés. Et chaque fois que quelqu'un vous dit : « Je vous admire de faire tout ça », vous entendez par-derrière, faiblement mais distinctement, ce qu'il n'a pas osé ajouter : « Vous vous prenez pour qui, espèce de sale égoïste. » Si vous confiez votre enfant à une gardienne, les mères bien-pensantes font la moue et s'imaginent dix enfants entassés dans une loge de concierge. Si vous avez une nourrice à domicile, les gens pensent – c'est horripilant – que vous délaissez votre bébé, et que de toute façon vous n'êtes qu'une sale richarde. Si vous emmenez votre bébé au bureau et que vous lui donnez discrètement le sein à midi, vous avez droit à des remarques désobligeantes. On vous reproche de faire de « l'exhibitionnisme » et de « vouloir le beurre et l'argent du beurre ».

Autant vous faire tout de suite à l'idée qu'une mère a toujours tort, surtout si elle travaille.

Alors pourquoi travailler ? me direz-vous. Pourquoi ne pas vous consacrer entièrement à la maternité pendant quelques années et reprendre le travail plus tard ? Pour de multiples raisons. Je dois avouer qu'au départ j'étais convaincue que je deviendrais folle si je vivais isolée dans une maison avec des enfants en bas âge. Je n'en suis plus si sûre. Alors que je suis installée devant ma machine à écrire, à me demander comment je vais bien pouvoir aller de la gare au studio d'enregistrement demain matin, j'aperçois une insouciante jeune fille en jeans qui fait des galipettes sur la pelouse ensoleillée avec mes deux enfants. C'est comme ça qu'elle gagne sa vie, pendant que moi, je me débats dans les heures de pointe. Plus tard, elle ira prendre le café à la crèche parentale et continuera à s'amuser pendant que je me taperai une longue discussion téléphonique avec un rédacteur en chef obtus, sur une ligne où il y aura de la friture. Aujourd'hui, l'herbe paraît plus verte de l'autre côté. Cela dit, certains parents de la crèche parentale doivent penser que je mène une vie de rêve quand ils essuient les larmes et mouchent le nez de leurs rejetons. Et c'est vrai qu'il y a des jours où le fait d'échapper à toutes ces horreurs est un bonheur indescriptible. Mais il faut trancher et essayer, dans la mesure du possible, de ne pas prendre une décision irrévocable. Il existe des familles où, à certains moments, il vaut mieux que les mères s'occupent des enfants même si ça implique de gagner moins d'argent.

L'argent peut également être un bon argument. En Grande-Bretagne, près de la moitié des mères qui ont des enfants de moins de deux ans travaillent plus ou moins et ce n'est pas pour leur épanouissement personnel, loin s'en faut. Certaines retravaillent moins par conviction que pour « rester dans la course ». Mais la plupart le font pour nourrir leur famille et payer le loyer, les impôts ou le crédit de la maison. Pas besoin d'être pauvre pour entrer dans cette catégorie. Il vous suffit d'avoir un mari dont la situation salariale est précaire ou qui rêve de relâcher la pression pour avoir le temps de s'occuper d'eux. Vous travaillez peut-être aussi pour mettre de l'argent de côté et réaliser un vieux rêve familial, vous installer à la campagne, émigrer quelque part ou aménager une pièce pour loger la grand-mère. Quelle qu'en soit la raison, inutile de vous culpabiliser pour autant. Si vous avez trop mauvaise conscience, prenez des mesures draconiennes. Vendez votre maison, faites du repassage ou du secrétariat à domicile, travaillez la nuit et jouez à la maman le jour, gardez vous-même des enfants, prenez un locataire, etc. Si ces solutions vous paraissent pires, c'est que vous faites sans doute déjà de votre mieux. Alors, pourquoi vous torturer ?

Si vous travaillez uniquement pour le plaisir (c'est le cas de certaines mères), faites tout ce que vous pouvez pour vous trouver une remplaçante qui soit digne de vous, quelqu'un de stable et d'affectueux. On entend tous les jours des histoires de mères naturelles qui battent leurs enfants ou les négligent, alors que des mères adoptives ou des nourrices font le bonheur d'un tout-petit. La maternité biologique n'a rien de magique, seule la responsabilité globale est inaliénable. Si vous refusez d'assumer cette responsabilité (vous débrouiller pour que votre enfant soit entouré vingt-quatre heures sur vingt-quatre), vous vous rendrez malheureuse. Si vous ne l'êtes pas, c'est que vous êtes trop perverse pour ce livre...

Mais comme me l'a dit un jour un contrôleur à qui je proposais de pousser le train jusqu'à la gare suivante : « C'est rare qu'on en arrive là. » Le fait de travailler implique simplement de faire d'innombrables compromis et de renoncer à son temps libre. Ça demande de l'organisation et beaucoup de sacrifices. C'est rarement un choix égoïste, à quelques exceptions près. Mais ne vous attendez pas non plus à ce qu'on ait pitié de vous. Peu de gens oseront vous dire en face que « vous avez les dents longues », mais beaucoup le penseront tout bas en faisant la vaisselle. Ils oublient que vous aussi, vous avez de la vaisselle à faire. Et qu'elle vous attend toujours à la fin d'une longue journée de travail.

Voici les différents cas de figure que l'on rencontre.

Vous travaillez hors de chez vous

Voici Madame la décoratrice qui part pour le bureau, son attaché-case à la main. Elle s'engouffre dans sa Volvo d'un air important, après avoir embrassé une rangée de petits visages roses et souriants, et expliqué à la nourrice, non moins rose et souriante, quels plats sortir du congélateur pour le déjeuner des enfants. Elle se rend à son bureau, où sa secrétaire l'attend pour une première série de décisions de haute précision. Quelle femme !

Ne sommes-nous pas toutes pâles d'admiration devant chaque rayure de son tailleur, tandis qu'elle nous adresse un sourire plein d'assurance du haut de la page publicitaire du magazine « Profils de la femme dynamique » ?

Eh bien, en fait, non. Nous la haïssons, nous qui sommes toujours à faire des « areu » à nos bébés dix minutes avant le départ du train. Nous qui attrapons le premier vêtement qui traîne et enfilons une vieille paire de chaussures plates, tout en disant à la nourrice qui est pâle comme un linge que si son mal de dents devient insupportable, elle n'a qu'à laisser le bébé chez la voisine d'à côté, qui le refilera à une autre voisine quand elle partira chercher son fils à l'école. Et si le dentiste déclare qu'il faut lui arracher la dent de toute urgence, que la nounou la prévienne au plus vite, à midi dernier

délai, pour que Maman ait le temps d'annuler sa conférence du lendemain, et puisse passer la matinée à la maison. La voisine d'à côté l'aurait bien dépannée, sauf que sa tante qui est impotente vient séjourner chez elle, et que de toute façon, le matin, elle n'est pas libre... Après tous ces bons conseils, nous filons à la gare et nous sommes obligées de voyager debout, le cœur battant la chamade, en nous demandant si le chat a eu à manger, et si la nounou va s'évanouir de douleur à cause de sa dent de sagesse juste au moment où le bébé aura décidé d'explorer la cheminée. Nous arrivons au bureau, abattues et épuisées, capables seulement d'avaler un café et de grommeler quelques mots. Ensuite, nous découvrons avec horreur la pagaille que nous avons laissée la veille au soir parce que nous avions décidé de partir à cinq heures et demie pile pour être à la maison à l'heure du bain. Nous faisons cela tout en maudissant le calme imaginaire de cette femme imaginaire.

Car il est impossible de mettre sur pied des organisations infaillibles. Les riches s'en sortent mieux. Mais même avec une nourrice et une femme de ménage, le jour viendra où l'une des deux aura la rougeole, et l'autre fera peur au bébé. Même si vous avez les meilleures voisines du monde, le jour viendra où elles seront toutes au club de tricot, au moment précis où la nounou aura décidé de se tirer avec le plombier et où Papa sera en voyage d'affaires au Pérou. Le jour viendra où vous ne pourrez pas faire autrement que d'emmener votre couffin au bureau, ou votre enfant avec ses crayons de couleur (mais si possible sans son pot).

Je n'ai encore jamais travaillé nulle part où ce ne soit pas arrivé au moins une fois, même si, en général, les mères qui le font le plus volontiers sont celles qui se trouvent en haut de l'échelle. Le bébé de Madame la directrice est une chose, celui de Mademoiselle la secrétaire en est une autre. Mais si l'on veut que la race humaine se perpétue, que les bébés soient entre de bonnes mains, et que des femmes talentueuses continuent à travailler, il se trouvera toujours quelqu'un pour être incommodé par les bruits bizarres qui s'échappent d'un couffin planqué derrière une pile de dossiers.

Un jour, le directeur d'un service de la radio où je travaille a changé son fils par terre pendant une réunion importante. Il affirme que c'est passé totalement inaperçu, ce qui est d'autant plus incroyable que la réunion avait lieu dans son bureau, et que c'est lui qui la présidait. Il m'est arrivé une aventure analogue le jour où, tous mes plans s'étant magistralement écroulés, j'ai dû donner le sein à Nicolas pendant une réunion, devant deux fonctionnaires de police, le régisseur de ma radio et d'autres personnes encore. La tétée s'est déroulée dans la plus grande discrétion. Je ne peux pas en dire autant de la crise de hoquet qui a suivi. Mais ça n'a tué personne.

La plupart du temps, il vaut cependant mieux s'abstenir de parler « bébés » au bureau. C'est une chose de faire une entorse à la règle de temps à autre, c'en est une autre de laisser derrière soi des effluves de lait caillé. Voici quelques moyens qui vous aideront à conserver votre crédibilité.

• Apprenez à changer de rythme. On se rend vite compte en arrivant chez soi qu'il faut ralentir la cadence pour s'adapter au rythme nonchalant du bébé. Il faut accentuer chaque mot, recommencer chaque petit bruit et chaque petite blague bête, enlever patiemment la petite main qui s'approche de la même prise électrique. Ce dont il faut également se rappeler, c'est de remettre la gomme le lendemain matin. L'histoire de la femme qui est assise à côté d'un homme captivant dans un banquet et qui s'aperçoit trop tard qu'elle vient de lui découper la totalité de son bifteck ne me fait plus rire du tout. Pas depuis que j'ai été invitée à faire un discours dans un dîner des officiers de réserve de la marine nationale. Le porto était servi sur un affût de canon en argent massif ; quand j'ai vu la bouteille, je l'ai poussée vers le centre du chariot de peur qu'un enfant imaginaire ne vienne la renverser.

• N'appelez pas constamment chez vous. Demandez qu'on vous appelle. Apprenez à la baby-sitter à ne pas dire « C'est la nounou » si ça lui vaut des grognements peu aimables à l'autre bout du fil. Dites-lui plutôt d'essayer : « C'est personnel. Madame Purves m'a demandé de la rappeler. » Ou quelque chose de neutre dans ce goût-là. Cela dit, j'ai un jour infligé le monologue suivant à la salle de rédaction d'un magazine de mode – des gens très chics et sans enfants :

« Claire ? Il y a un problème ? Il a QUOI ? Non, ce n'est pas vrai ! Une dent ! Je n'arrive pas à y croire. Je n'ai jamais… non, non, je vous assure ! C'est incroyable, c'est fantastique ! Faites-lui un gros bisou de ma part ! »

Dans mon dos, je sentais les célibataires endurcis frissonner de dégoût et les rédactrices de mode filiformes hausser les épaules. Seule une secrétaire de rédaction qui avait des enfants déjà grands m'a fait un large sourire complice.

• « Ne parlez jamais de vos enfants sur votre lieu de travail sauf si on vous invite à le faire, recommande une mère cadre. Et ne vous étendez pas. Les hommes n'en parlent jamais. » C'est vrai de certains bureaux. Mais j'ai travaillé dans une petite radio où il y avait des tas d'hommes modernes. Les femmes étaient pleines de zèle et pensaient à leur carrière, tandis que les hommes pouvaient parler pendant des heures de placenta et de couches-culottes.

• « Mettez du vernis à ongles, préconise une mère de trois enfants, ça donne une impression d'efficacité et d'oisiveté. Même chose pour le maquillage. » Sexiste, hélas, mais vrai.

• Si vous laissez votre enfant chez une gardienne, préparez un grand sac contenant toutes ses affaires. Ça vous évitera de vous agiter dans tous les sens pour trouver ses couches et son biberon avant de partir travailler.

• S'il y a eu un drame quand vous êtes partie, « maquillez-vous, appelez chez vous régulièrement en vous débrouillant pour que ce soit discret. Si c'est insupportable, inventez une migraine et rentrez chez vous ».

Vous travaillez à mi-temps

C'est un bon compromis. Le jour viendra où, dans chaque famille, les deux parents travailleront à mi-temps. On admet déjà mieux le partage du travail, la souplesse des horaires, les roulements, tout ce qui en gros permet aux parents d'avoir un salaire, sans les couper de leur vie de famille. L'inconvénient, c'est qu'à moins d'avoir quelqu'un qui vous aide beaucoup, votre travail finit toujours par empiéter sur vos heures de loisir. Des tas de femmes (et certains pères) qui ont un travail de nuit s'empressent de rentrer à la maison le matin pour s'occuper de leurs enfants. Mais ce n'est pas marrant. Si vous pouvez vous faire aider, ne serait-ce que par une fillette dégourdie qui emmène votre bébé faire un tour de poussette une heure par jour, n'hésitez pas.

L'aménagement du temps de travail est une notion à la mode de nos jours. Les patrons ont compris qu'ils pouvaient bénéficier d'un employé et demi pour le prix d'un, tellement tout le monde s'efforce de faire mieux que son voisin. Le partage du travail s'assortit d'une nouvelle formule : le partage de la nounou. Cette dernière volette d'un ménage à l'autre tandis que les mères vont et viennent entre le bureau et la maison. Si on arrive à la mettre sur pied et à s'entendre avec la nounou commune, c'est une organisation certes précaire mais qui a l'avantage d'être bon marché. C'est un peu comme ces frêles engins qui traversaient la Manche autrefois. On a l'impression que l'entreprise ne décollera jamais, et pourtant c'est parfois le cas.

Vous travaillez chez vous

Franchement, c'est la solution idéale. Vous voici installée à votre bureau, comme Françoise Mallet-Joris, entourée d'enfants qui jouent gaiement. Vous gagnez de l'argent, vous êtes respectée, et vous ne bougez pas de chez vous. C'est vous qui décidez de vos horaires. Vous n'êtes plus obligée de rater l'heure du bain, ni d'abandonner un enfant qui a de la fièvre. Vous pouvez vous lever, faire trois mètres, embrasser votre enfant et retourner travailler. C'est magique.

Certaines femmes héroïques arrivent à travailler chez elles sans se faire aider du tout – elles font de la couture, de la relecture, de la programmation informatique, tapent à la machine, écrivent, ou dirigent même une petite entreprise – alors qu'elles ont des enfants qui ne vont pas encore à l'école. « Je m'installe dans le parc du bébé, affirme une mère, et je travaille. » Mais si tout à coup il y a un long silence suspect, vous bondissez hors du parc, le cœur battant, pour retrouver votre gamin occupé à sucer une bouteille de Cif ou à mettre en pièces la première édition d'un livre rare.

« Vous pouvez gagner environ une demi-heure de paix avec les cassettes d'histoires ou de chansons », déclare une mère qui travaille chez elle.

« Non, c'est peine perdue, rétorque une autre, ça ne dure que dix minutes, et puis, c'est : "Moi aussi, je veux une machine à écrire", suivi de jérémiades pour qu'on parte en promenade. »

Et tout le monde de s'écrier en chœur : « La seule chose qui marche vraiment, c'est *la sieste* ! » On peut la faire durer, comme le sait toute mère qui se respecte, bien au-delà d'un réel besoin de sommeil. Je me souviens que, jusqu'à ce que j'aille à l'école, on m'enfermait dans ma chambre pour que « je me repose ». Je crois même que ça a continué pendant les vacances jusqu'à ce que j'aie huit ans. J'étais grande quand j'ai fini par comprendre à qui profitait l'heure de la sieste. Cela dit, il n'est pas désagréable de passer une heure dans la pénombre d'une chambre, avec un livre et une boîte à musique, quel que soit l'âge qu'on ait. Le seul inconvénient de la sieste, c'est que si vous l'oubliez, il va falloir vous battre pour la remettre en vigueur.

Un des effets pervers de travailler chez soi quand on est seule à s'occuper des enfants, c'est de leur en vouloir quand ils se réveillent et qu'ils vous appellent d'une petite voix joyeuse, d'avoir horreur qu'ils vous grimpent sur les genoux sans que vous les ayez invités. Tout ça ne prédispose guère à une maternité épanouie. Vous commencez même à envier la mère qui va au bureau tous les jours et qui, quand elle rentre chez elle, est à 100 % ravie de retrouver ses enfants.

Non, vous travaillerez plus efficacement et vous serez une bien meilleure mère si vous vous faites aider par une baby-sitter. Si vous êtes effectivement constamment à la maison, vous pouvez vous débrouiller en engageant une fille plus jeune, une « apprentie nounou » ou une adolescente débrouillarde, qui vous coûtera moins cher. Mais vous aurez besoin d'aide. Prenez de préférence quelqu'un qui, à l'heure de la sieste, passe sans problème du mode « baby-sitting » au mode « repassage/époussetage », comme ces robots ménagers multifonctionnels. Rien ne m'énerve autant qu'une nounou qui passe deux heures vautrée sur son lit à regarder des feuilletons, pendant que le bébé fait sa sieste.

Si vous n'avez pas de raisons de prendre une nounou à temps plein, vous pouvez toujours avoir un jeu de baby-sitters qui emmènent les enfants faire des promenades hygiéniques à des heures établies d'avance. Vous pouvez aussi entrer dans ces abominables systèmes d'échange qui se pratiquent dans les classes moyennes. Il s'agit d'une sorte de chaîne qui vous permet d'envoyer votre enfant dans une autre famille trois matinées par semaine, et puis, tout à coup, le vendredi, vous gagnez le gros lot, et vous écopez de douze enfants à table. Et on ne vous fait pas de quartier. Une vieille amie à moi s'en plaignait amèrement. Elle avait découvert que tout le monde dans la chaîne, sauf elle, refilait le boulot à la fille au pair, et qu'elle était en fait la seule vraie maman de l'histoire. Elle trouvait qu'on aurait pu lui donner une prime parce qu'elle avait de l'expérience, qu'elle cuisinait bien et s'exprimait de manière à peu près compréhensible.

Même avec une nourrice à temps plein, voici quelques écueils auxquels vous risquez de vous heurter en travaillant chez vous.

• Il est neuf heures. La nounou commence son service. Vous vous préparez à en faire autant, mais votre enfant en a décidé autrement. Il a un rhume et il veut sa maman. Comme vous ne voulez pas en faire tout un plat, vous le laissez s'asseoir à vos pieds. Mais au moment où il est suffisamment calme pour le rendre à la nounou, celle-ci s'est mystérieusement volatilisée avec le bébé pour faire une longue promenade.

• Le téléphone sonne. Mais la nounou n'est pas assez rapide, et c'est votre enfant qui décroche. Il commence à raconter à votre patron qu'il a vu « un gros gros gros camion » et qu'il a fait « un gros gros gros caca ». Il y a à ce propos un incident que je souhaite oublier par-dessus tout. L'ancien Premier ministre Edward Heath m'a un jour rappelée en personne pour me donner une citation concernant un article que j'étais en train d'écrire. Le pauvre homme a eu droit à une sérénade de flûte et à une série de remarques sans queue ni tête sur les canards. Je ne savais plus où me mettre.

• Vous êtes en train de boucler un article difficile. La nounou frappe à la porte pour vous annoncer que l'évier de la cuisine est bouché et déborde dans le bac à sable. À l'école de puériculture, on ne lui a pas appris à déboucher les éviers, et de toute façon, « les gros travaux » ne figurent pas dans son contrat. Comme il n'y a aucune clause d'exception dans le vôtre, vous descendez armée d'une ventouse, et vous commencez à opérer tandis que les enfants se pressent autour de la nounou, et qu'elle hume l'air la mine dégoûtée. « Chez la baronne Machin, je n'ai jamais eu ce genre de problèmes. »

• Vous entendez un grand bruit suivi d'un cri. Vous êtes assise à votre table, ne sachant que faire. Suit un affreux silence. Vous descendez dans la cuisine pour découvrir que tout va bien. Vous vous préparez un thé en vous demandant toujours ce qui a bien pu provoquer un bruit pareil. Mais vous n'avez pas le courage d'interroger la nounou, parce que vous avez pour principe de lui laisser l'entière responsabilité des enfants. Vous vous apercevez qu'il est presque midi. Vous venez de perdre une demi-heure.

• Il est midi. Vous n'avez rien convenu avec la nounou au sujet des repas. En fait, vous avez envie de manger un sandwich dans votre bureau. Mais en sortant de votre tanière pour le préparer, vous vous apercevez qu'elle a fait un superbe plat de lasagnes, et que vous êtes conviée. Vous vous apercevez aussi qu'elle fait ostensiblement la tête parce que vous êtes en retard et que les lasagnes ont refroidi. Vous avalez vos lasagnes et vous essayez de vous faire pardonner en faisant la vaisselle et en montant coucher votre enfant. Deux heures de perdues. Vous retournez à votre machine à écrire, en tremblant à l'idée que la nounou ne prenne la mouche et ne vous claque la porte au nez juste au moment où vous avez un travail de la plus haute importance à rendre. Ensuite, la directrice de l'atelier d'éveil vous appelle : « J'étais sûre que vous seriez là… »

• Vous êtes plongée dans votre travail. Le téléphone sonne. C'est une amie qui invite votre fils à venir patauger dans la piscine avec son fils du même âge. En fait, on vous fait du chantage social. C'est vous, et pas la nounou, qu'on réclame pour venir bavarder au bord de la piscine. Vous acceptez l'invitation, et vous perdez une demi-journée de travail. Inversement :

• La mafia des nounous du quartier ainsi que leur marmaille se retrouvent chez vous à l'heure du goûter. Vous sortez de votre bureau parce que vous avez envie de découvrir qui sont les amis de votre fils. (Les mères qui travaillent n'ont pas cette chance. Elles ne ratent rien d'ailleurs.)

• C'est la fin de la journée. Les enfants sont couchés, votre mari est rentré, la nounou a fini son service, le calme revient. Mais à force d'avoir été interrompue dans votre travail, vous avez pris du retard. Et au lieu de vous mettre à table, de regarder la télé et d'échanger quelques grognements avec votre mari sur la journée qui vient de s'écouler, vous retournez tristement dans votre bureau pour travailler jusqu'à une heure et demie du matin. Simplement parce que le travail n'attend pas, et qu'il en sera toujours ainsi.

Le fait de travailler chez soi n'est cependant pas toujours aussi négatif. Derrière cette longue suite de déboires, se cachent les règles élémentaires de la réussite. Prenez une nounou qui comprenne votre style de vie et accepte les crises passagères sans se formaliser. Faites installer un téléphone dans votre bureau, et pensez à débrancher l'appareil principal pour neutraliser les petites mains baladeuses. Faites-vous des horaires précis, et soyez sèche avec les gens qui vous dérangent pendant vos heures de travail. Arrêtez-vous à l'heure dite et fermez votre bureau à clef. Toute cette discipline vous laissera encore de la marge pour vous occuper du pauvre petit qui a un rhume et qui a envie de passer une demi-heure sous votre bureau. Pourquoi se donner tant de mal si ce n'est pas pour ça ? Si tout se passe bien entre l'enfant et la nourrice, il ne viendra pas vous voir si souvent que ça, ni pour très longtemps. Il n'est pas difficile d'abandonner une mère qui respire l'ennui pour aller jouer avec une nounou qui vous fait faire de la peinture, vous apporte de la pâte à modeler, vous gonfle la piscine et qui ne pense qu'à danser et à chanter toute la journée.

Vous verrez que dans l'ensemble il y a d'énormes avantages à travailler. Mis à part l'aspect financier, et le fait de pouvoir agir sur le monde extérieur, ça vous permet de découvrir une toute nouvelle discipline. Les bons jours, vous avez vraiment l'impression d'être Superwoman. Vous apprenez à compartimenter votre travail : ce que vous pouvez faire avec un enfant installé à vos pieds, ce que vous pouvez faire en donnant le sein, ce qui requiert d'être entourée uniquement d'adultes majeurs et vaccinés. Ça décuple vos facultés de concentration. Avant, je passais des heures à mettre des trombones. Maintenant, dès que la voie est libre sur le front domestique, je me jette sur ma machine à écrire et j'avance. Ça vous permet aussi d'être plus tolérante vis-à-vis de vos enfants et de les aimer davantage. Avant, quand je rentrais du bureau, je sautais joyeusement sur mon fils en lui disant : « Tu sais, tu es la personne la plus sympa que j'ai rencontrée aujourd'hui. » (On a du mal à en dire autant le dimanche soir, quand le frère et la sœur ont passé la journée à se taper dessus et à pleurnicher.) Le fait de travailler peut être très gratifiant si on en supporte le rythme. Lorsqu'on examine son expérience en détail, et à supposer que l'on ait trouvé l'équilibre idéal entre le travail et la maison, il reste cependant deux problèmes importants à résoudre. Ce sont tous deux des problèmes affectifs.

Le premier se rapporte à vos enfants. Si vous perdez la notion de la vie qu'ils mènent, en particulier avant qu'ils soient capables de vous raconter ce qu'ils ont fait dans la journée, vous aurez plus de mal à réagir lorsque vous serez effectivement ensemble. Tous les week-ends, on voit des petits monstres se rouler par terre dans les restaurants et les supermarchés, et faire tourner Papa et Maman en bourrique d'une manière qui stupéfierait la nounou si elle les voyait. C'est la preuve qu'ils vous aiment et qu'ils sont soulagés que vous soyez là. Mais ils vous font aussi savoir qu'ils sont furieux que vous ne soyez là que le week-end. C'est dur à supporter quand on s'est réjouie toute la semaine à l'idée de redevenir maman.

Vous pouvez éviter le problème en planifiant astucieusement le temps que vous passez à la maison. Si vous couvrez les moments clefs de la journée, vous resterez très proche de votre enfant, même si vous lui consacrez moins d'heures qu'une mère qui ne fait que ça. Nous avons par exemple toujours réveillé, habillé et nourri nos enfants le matin même lorsqu'une fille au pair vivait à la maison. Lorsque je partais en déplacement, il m'est même arrivé de les réveiller plus tôt. Le soir, vous pouvez prendre la relève au moment du bain (c'est toujours un moment agréable pour une mère, ces rires et ces petits corps tout nus) et pendant la sacro-sainte demi-heure avant qu'ils aillent au lit. Je ne crois pas aux instants privilégiés avec les enfants – ils n'ont pas forcément envie de créer des liens sur commande, à heure fixe. Mais quand ils sont avec vous, il faut se concentrer. Pas sur le journal télévisé, sur les châteaux de Lego et les galipettes.

Ces moments clefs du matin et du soir pèsent plus lourd dans la balance que tout autre moment de la journée. Ajoutez à cela une apparition à midi si vous travaillez chez vous, un tour en voiture pour aller faire des photocopies, et un voyage en bus jusqu'à votre bureau et retour à la maison avec la nounou, et vous accumulerez des réserves de confiance pour compenser les risques de crises des week-ends. Si, en prime, vous êtes détendue et drôle pendant le petit déjeuner au lieu d'être cassante parce qu'il faut que vous prépariez votre sac et que vous vous fardiez, là encore, vous doublez la mise. Personnellement, je me maquille dans le train.

Le second problème concerne les mères. Le fait est que tout ce système n'est pas très souple. Au contraire, la souplesse doit venir de vous. Le temps que vous prenez sur votre travail va directement aux enfants, et *vice versa*. Les pères savent apparemment mieux se ménager des plages de temps pour eux. Les mères ne sont pas très douées pour ça.

J'ai posé à toute une série de mères qui travaillent la question suivante : « Comment faites-vous pour avoir du temps pour vous ? » J'ai reçu des réponses variées, et parfois même amères.

« Je n'en sais rien. Peut-être en prenant mes cliques et mes claques. »

« Je profite de la nuit. J'ai dû travailler trois nuits de suite pour remplir ce questionnaire. »

« Les trajets en métro sont très reposants. L'heure du déjeuner peut aussi être un moment de détente. Il faut sauter sur l'occasion dès qu'elle se présente. »

« C'est un problème purement géographique. Abandonnez votre travail et votre gamin, et partez faire du bateau ou du tennis. Ni votre gamin ni votre machine à écrire ne vous suivront sur un court de tennis. »

« Faites une activité qui vous pousse à sortir de chez vous. Inscrivez-vous dans un club, un cours, peu importe. »

« Une fois tous les quinze jours, je vais aux bains turcs pour me faire faire un shampooing, une manucure et un massage. Je suis ravie que quelqu'un s'occupe de moi, pour changer. » Je partage totalement ce point de vue. L'autre soir en prenant mon bain, j'ai failli tourner de l'œil en réalisant que j'étais responsable de l'entretien de soixante ongles, les miens et ceux de mes deux enfants...

« Je culpabilise comme une folle lorsque j'abandonne mes enfants sans y être obligée. »

« Faites n'importe quoi, du moment que ça vous oblige à faire de l'exercice – gym, tennis, désherber le jardin du voisin ! »

À mon avis, ces deux dernières remarques résument parfaitement le problème. De même que, lorsque mes enfants étaient encore tout petits, je supportais de les laisser pleurnicher quand je travaillais pour eux, que je changeais les draps du berceau ou que j'étendais une lessive, mais ne supportais pas d'entendre ce même bruit pendant que je lisais le journal. De même, maintenant, je suis incapable de les laisser pour aller nager ou faire une promenade. C'est supportable quand il faut que j'aille travailler, mais dès qu'il s'agit de mon plaisir, c'est affreux. Et pourtant, j'éprouve un besoin irrésistible de me dépenser sans avoir d'enfants dans les pattes, de faire des exercices contraignants, de grands mouvements, etc. Une « promenade » avec un enfant qui se traîne, ou avec une poussette qui vous oblige à marcher à petits pas trébuchants, les épaules voûtées en signe de renoncement, n'est pas vraiment une promenade. Le fait de s'occuper d'un enfant vous condamne à vous déplacer sur la pointe des pieds dans un espace ridiculement petit, à avoir des gestes attentionnés et à porter de lourds fardeaux sur de petites distances. Ça n'a rien à voir avec le fait de se défouler. C'est de la mauvaise fatigue.

Un jour, je suis partie faire un reportage pour un magazine satirique. Nous devions remonter la Tamise sur une vingtaine de kilomètres dans une barque, comme Jérôme K. Jérôme. Mes deux coéquipiers ne comprenaient pas pourquoi je tenais tant à ramer plutôt que de rester tranquillement assise au gouvernail. C'était le plaisir de l'exercice physique pur, sans que de petites mains m'agrippent et me fassent perdre le rythme, sans que je sois constamment obligée de faire attention à de petites têtes fragiles.

Vous avez intérêt à planifier ce genre d'activités solitaires (ou de flemme organisée si vous préférez) quand vous prévoyez de vous remettre à travailler. C'est un projet difficile à réaliser. Je me sens toujours coupable quand je ne rentre pas tout de suite à la maison après le travail, mais je me sens aussi exaspérée de ne jamais rien pouvoir faire sans les enfants. Une de mes amies, un modèle de dynamisme, a une solution qui lui ressemble. Elle refuse de partir en déplacement si l'hôtel où elle descend ne possède pas de piscine. « C'est le seul moment où je peux nager sans me sentir coupable, ni être ralentie par une petite grenouille avec des brassards. » Mais je sais que même dans les endroits les plus exotiques, cette pauvre mère au cœur tendre contemple, les yeux brouillés de larmes, la vue imprenable du restaurant panoramique, en se disant que son fils aurait été en extase devant les ascenseurs.

Le problème, c'est qu'elle a raison. Il aurait effectivement adoré les ascenseurs. Forte de cette expérience, j'ai donc un jour décidé d'emmener mon fils de vingt mois en voyage à Plymouth, avec la nounou et tout le tremblement. On a pris une grande chambre au Holiday Inn. Entre la nounou qui rentrait en titubant à quatre heures du matin après avoir passé la nuit avec la moitié des marins de la ville, Nicolas qui prenait les lits pour des trampolines, et la femme de chambre qui oubliait de faire chauffer le lait du biberon, c'était assez folklorique.

La seule chose dont personne n'ait souffert, c'est de culpabilité.

7

L'histoire des deux nourrices

Il était une fois un jeune couple charmant qui attendait un enfant. On les appellera Pierre et Catherine. Une fois par semaine, après avoir soufflé comme des phoques et s'être étirés dans tous les sens au cours d'accouchement sans douleur, ils rentraient dîner chez eux et discutaient de l'organisation de leur future vie familiale. Catherine désirait poursuivre sa carrière. Pierre n'avait pas envie d'une femme qui reste à la maison. D'un commun accord, ils décidèrent de prendre leur temps pour trouver une nourrice et de l'engager deux semaines avant que Catherine ne retourne travailler. Ils savaient exactement où se trompaient les gens qui employaient des nourrices. Et ils commencèrent à dénigrer leurs amis qui sous-payaient ces pauvres filles, les traitaient mal et exigeaient qu'elles repassent les chemises de Monsieur. (Pierre avait toujours repassé les siennes. C'était un homme moderne.) Leur nourrice ne subirait aucun de ces affronts. Elle serait choisie avec soin, elle serait correctement payée, on lui ferait confiance et on lui demanderait conseil. Il y aurait une atmosphère bon enfant de don et de contre-don. Quand Catherine aurait un coup de collier à donner dans son travail, la nourrice ferait volontiers des heures supplémentaires. Et si la nourrice voulait partir en week-end avec son petit ami, Catherine se montrerait compréhensive. La franchise, la générosité et la loyauté seraient de mise.

En s'endormant, Pierre se laissait aller à imaginer un court instant une servante démodée, mal habillée, avec des manières apprêtées. Dans son rêve, elle lui apportait son fils, un bambin tout propre qui gazouillait gentiment, pour qu'ils puissent jouer ensemble, et elle attendait derrière son fauteuil avec un grand sourire, prête à interposer un gant de toilette humide entre les menottes poisseuses et le revers de son veston. Grâce à la nourrice, la cuisine serait étincelante. Elle ramasserait les chaussettes qui traînent et insisterait sûrement (c'était une idée qui lui traversait l'esprit juste avant qu'il ne s'endorme) pour repasser ses chemises...

De son côté, Catherine rêvait d'un croisement entre une infirmière, pour qui les rots et les dents ne seraient pas un mystère, et une nouvelle amie. Elle s'imaginait une fille compétente, enthousiaste, un brin BCBG peut-être, portant des jeans et un sweat-shirt. Ou alors une fille de la campagne, avec un côté maternel, qui serait fiancée à un gendarme. La nounou aurait le droit de recevoir ses amis à la maison. En rentrant du bureau, Catherine croiserait des jeunes gens bien élevés qui s'éclipseraient poliment dans la chambre de la nounou avant de l'emmener au bowling, mais après avoir admiré la maison et le bébé. Ce serait la naissance d'une nouvelle communauté : Pierre, Catherine, le bébé et la nounou. Sauf que, bien entendu, personne ne l'appellerait « Nounou » ! Non, tout le monde s'appellerait par son prénom !

Et chacun s'endormait sur son petit scénario, jusqu'au jour fatidique où Catherine réveilla Pierre en pleine nuit, prit sa valise joliment préparée, téléphona à l'hôpital, et se mit en route pour la Grande Aventure.

L'annonce publiée dans le journal faisait état d'une « grande maison spacieuse » dans une banlieue chic, et

précisait qu'ils recherchaient « une nourrice dévouée et responsable » pour s'occuper de leur fils « Damien, six mois ». Pierre avait voulu ajouter « aide maternelle », mais Catherine avait poussé des hauts cris. À ses yeux, une aide maternelle évoquait ces étrangères délurées qui sont trop bêtes pour mériter le titre de nourrice. C'était faire insulte à l'amie de ses rêves. En plus, ces deux mots supplémentaires auraient impliqué qu'ils sacrifient la mention « mère : cadre dynamique », ou qu'ils allongent un autre billet de cinquante euros. Ils optèrent donc pour « nourrice », et en moins d'une semaine, reçurent soixante-dix-huit réponses.

La première série de coups de fil les effraya un peu. Ils se rendirent compte que toute femme qui ne sait rien faire d'autre pense que, comme femme, elle est capable de s'occuper d'enfants. Après être tombée sur une vieille Écossaise alcoolique, une fille à l'air faux jeton qui avait mystérieusement fait disparaître deux années sur son CV une vingtaine de jeunes filles de seize ans pleines d'espoir (Catherine avait oublié de spécifier une limite d'âge) et une punk à l'air paumé qui, quand Catherine lui demanda comment elle comptait distraire le bébé, répondit « On ira faire des tours dans le métro, en gros », Catherine commença à craquer. Le problème venait en partie de ce qu'elle tenait à accorder à chaque candidate un entretien d'une demi-heure, même si, de prime abord, elle avait bien vu que la pauvre fille ne saurait pas s'occuper d'un canari sans mettre sa vie en danger. Pierre prit le relais, filtra le reste des candidates avec cette technique expéditive qui est si typiquement masculine et remit à sa femme les noms d'une dizaine de personnes à convoquer.

Aucune ne correspondait vraiment à ce que Catherine avait envisagé, mais elles auraient toutes parfaitement pu faire l'affaire. Surtout après la punk et la folle de Glasgow. Forte de l'expérience d'une amie qui avait mené des entretiens rigoureux, parlant de la conception du jeu selon Maria Montessori, du développement de la préhension et des objets transitionnels, et qui, malgré cela, avait hérité d'une fille qui était partie avec l'argenterie au bout de quinze jours, Catherine essaya d'aborder l'entretien de manière détendue et de choisir quelqu'un qui lui paraisse agréable, honnête, et qui aime les enfants. Elle trouva une fille de vingt ans avec un regard doux, l'embaucha et s'effondra dans les bras de son mari en pleurant de soulagement.

Peu à peu, une vie nouvelle commença. Ils s'habituèrent à retrouver d'énervantes petites culottes s'égouttant au-dessus de la baignoire et la radio branchée sur des stations de reggae dont ils ne soupçonnaient même pas l'existence. Ils se firent aux petits déjeuners communautaires et aux menues intrusions qui surviennent avec une nourrice qui vit à domicile. Pendant ce temps, le bébé était florissant. Catherine s'aperçut que quand elle demandait à la nourrice de ranger ou de laver quelque chose, elle le faisait, mais quand elle ne disait rien, les choses restaient telles quelles. Souvent elle était trop fatiguée ou trop préoccupée pour demander quoi que ce soit. Après tout, le cher bambin était content. C'était donc elle qui se chargeait de faire le ménage. Quand le jeune Damien fut en âge de manger des purées, Catherine laissa traîner des livres de cuisine pour bébés et se lança dans des conversations pleines d'esprit sur la supériorité des plats faits maison. Mais elle n'osait pas demander qui, du bébé ou de la nourrice, mangeait le contenu des boîtes de petits pois qu'elle retrouvait le soir dans la poubelle. « De la confiance, de la loyauté, des rapports sains », se disait-elle. Et Damien avait l'air satisfait.

Quel dommage que Catherine soit obligée de passer ses soirées à débarrasser la table et à cuisiner des plats diététiques pour le déjeuner du lendemain ! Elle aurait bien aimé aller rejoindre Pierre qui jouait avec Damien avant de le mettre au lit. Mais tout se passait si bien qu'il paraissait déraisonnable de jouer les trouble-fête. Si la nounou prenait la mouche et décidait de s'en aller, Damien n'en aurait-il pas le cœur brisé ? Et en ce moment, son patron ne tolérerait pas qu'elle prenne deux semaines de congé pour se mettre en quête d'une nouvelle nounou. Elle continua donc à travailler dur. Après tout, la nourrice avait l'air contente...

Combien de temps cela aurait-il pu durer, personne ne peut le dire. Mais la nature s'en mêla. À sa grande surprise, Catherine découvrit qu'elle était à nouveau enceinte. La jeune fille au regard doux devint songeuse. Elle décida de rester quelques mois de plus, puis donna gentiment sa démission et partit pour le Yémen, avec la perspective de vivre dans l'opulence, de n'avoir qu'un prince à distraire et de tomber dans une maison où il y aurait une femme de ménage.

Cette fois, se sentant incapable de renouveler l'expérience des petites annonces, Pierre insista pour faire appel à une agence. Ils décidèrent de préciser qu'ils voulaient quelqu'un qui ait une formation, au minimum un diplôme de puériculture, et qui fasse aussi quelques tâches ménagères. Avec le sentiment de maîtriser la situation et la ferme intention de ne plus passer ses soirées à nettoyer la chaise du bébé, Catherine fit passer des entretiens aux trois « vraies » nourrices présélectionnées par l'agence. Leurs références étaient excellentes, leurs cheveux bien coiffés, leurs ongles immaculés. Catherine en choisit une qui parlait à Damien en gazouillant d'une voix professionnelle, tout en écartant d'un geste ferme sa main de l'interrupteur, avec un gentil « Un petit garçon ne touche pas à l'électricité ». Comme Damien touchait en général tout ce qu'il voyait, Catherine fut immensément impressionnée. La nourrice ne demanda qu'une chose (s'arrêtant pour dire à Damien qu'un petit garçon ne tire jamais les cheveux de sa maman), c'est que, conformément à l'usage, on l'appelle « Nounou ». Pierre eut un petit sourire satisfait, et tira pensivement sur son bouton de manchette.

À la maison, tout était réglé comme du papier à musique. En rentrant du travail, Catherine trouvait une cuisine étincelante et aseptisée. Les placards étaient fraîchement tapissés. La nounou avait confectionné et suspendu des rideaux là où il n'y en avait jamais eu auparavant. Les slips de Pierre étaient repassés à la perfection, ses chemises empesées. Damien changeait de salopette trois fois par jour et était soumis à des horaires stricts. Quand Catherine retourna travailler, elle trouvait son bébé le soir, l'air un peu déconcerté, avec une bavette en dentelle blanche autour du cou, agitant un hochet fraîchement stérilisé.

Comment la situation en vint à se dégrader, cela reste un mystère. Catherine, qui rêvait toujours de don et de contre-don, n'avait pas pris la peine d'établir un contrat. Et c'est vrai qu'au début la nourrice faisait tant de petites choses en plus que cela aurait été gênant. On la trouvait souvent à huit heures du soir, en train de récurer quelque chose dont ils n'auraient jamais pensé qu'il faille le récurer. Catherine la laissait donc tout naturellement aller à ses rendez-vous chez le médecin, le dentiste, l'ostéopathe et même pour finir chez le coiffeur, et prenait des jours de congé pour s'occuper des enfants. Quand la ronde des rendez-vous prit fin, la nourrice vint un jour demander à Catherine « sa demi-journée de congé hebdomadaire ». Catherine s'aperçut avec surprise que les congés étaient devenus un droit plutôt qu'une concession, et que si elle n'y mettait pas le holà, elle allait se retrouver avec une nourrice qui ne travaillerait que quatre jours et demi par semaine.

Mais elle n'en fit rien. Elle décida que sa mère s'occuperait des enfants le vendredi après-midi. Après tout, la nounou faisait tellement de choses en plus. N'était-elle

pas en train de nettoyer les trous des Lego hier soir à neuf heures, au cas où le bébé les mettrait dans sa bouche ? Pierre n'était pas très gentil sur ce point. Il aurait bien aimé que la nounou s'arrête deux minutes. Il avait même commencé à repasser ses chemises en signe de protestation. Mais la nourrice faisait la sourde oreille. Elle était là quand on n'avait pas besoin d'elle, et quand on en avait besoin, elle était partie en week-end. Mais Catherine se faisait du souci à son sujet. Elle était souvent si épuisée après sa semaine de travail qu'elle avait une terrible crise de migraine le dimanche soir et ne pouvait pas revenir avant le lundi à midi. La pauvre, elle se démenait tellement !

Après un an de ce régime, Pierre et Catherine se disputaient souvent et menaçaient même de temps en temps de divorcer. Ils commencèrent à prendre la maison en grippe et craignaient de rentrer chez eux le soir. Damien était devenu collant, ce qui les agaçait. Le bébé s'énervait facilement. Mais jamais ils n'associèrent cette situation à la nourrice. Ils mettaient ça sur le compte de la vie parentale. Car la nounou continuait à s'adresser aux enfants en gazouillant d'une voix ferme et à passer la cuisine à l'antiseptique. Ce n'est que lorsqu'elle prit quinze jours de vacances que le déclic se fit. La maison se trouvait soudain débarrassée d'une présence malveillante. Catherine se débrouillait tant bien que mal. Pierre brûlait ses cols de chemises et ses manchettes et portait des caleçons froissés, ce qu'il trouvait finalement plutôt agréable. Damien et le bébé semblaient indifférents à l'absence de la nounou, et les parents reprenaient goût à la vie. Après une semaine aussi épuisante que chaotique, où tout le monde s'amusa beaucoup, Pierre et Catherine trouvèrent le courage de mettre la nourrice à la porte et de repartir à zéro.

Vous pouvez imaginer la suite qui vous plaira. Catherine a peut-être compris qu'elle se ferait toujours marcher sur les pieds, et qu'elle serait plus heureuse en restant chez elle pour s'occuper des enfants. Mari et femme ont peut-être fait une nouvelle tentative et sont tombés sur une perle rare – une fille gentille, intelligente et pleine de bonne volonté – qu'ils ont gardée pendant des années. Ou alors la situation s'est encore dégradée, et ils se sont fait avoir par une de ces terreurs qui règnent sur le marché de la nourrice. De ces filles que la directrice d'une agence m'a décrites en ces termes : « L'une d'elles était une voleuse. J'étais au courant, mais elle avait été placée dans une famille par une autre agence. Le jour où elle claqua la porte, la mère me téléphona pour me dire que sa nounou venait de la plaquer. "Mon Dieu, comment s'appelait-elle ?" En entendant sa réponse, je lui ai immédiatement conseillé de regarder dans son sac pour voir si ses cartes de crédit s'y trouvaient toujours. Elles avaient disparu. La fille a fini par se faire prendre, mais entre-temps elle s'était trouvé une nouvelle place et était partie avec le coffre à bijoux... Il y en avait une autre, qui est maintenant sur la liste noire, même si elle a toujours des lettres de référence, qui avait laissé un bébé dans son berceau avec un biberon. Il s'était étouffé et avait dû aller à l'hôpital. Un mois plus tard, à sa sortie, même chose. La fille a fait pression sur la mère pour qu'elle lui écrive une lettre de référence. Il y avait aussi... »

Non, arrêtez, ça suffit ! On est toutes capables d'imaginer des histoires horribles à propos de nounous. Le seul moyen d'y échapper, c'est de vérifier leurs références avec beaucoup de soin et de les surveiller scrupuleusement pendant les premiers mois (soit en personne, soit en demandant à une voisine de passer à l'improviste).

Il est en revanche plus difficile de prévoir les problèmes psychologiques que vous allez rencontrer en employant une inconnue. Pour commencer, elle sera sans doute beaucoup plus jeune que vous, elle viendra d'un milieu différent et aura un caractère différent du vôtre (après tout, elle a choisi de passer ses journées à s'occuper d'enfants, pas vous). Ajoutez à cela le fait que, vos parents n'ayant pas eu de domestiques, vous n'avez sans doute pas beaucoup d'expérience en la matière. De plus, une tierce personne vivant sous le même toit qu'un jeune couple aura sans doute besoin d'avoir une vie sociale et sexuelle à elle. Cette jeune fille très convenable, qui vous parlait avec tellement d'enthousiasme de développement infantile pendant l'entretien, a peut-être un petit copain motard pas gentil du tout, ou pire, plusieurs petits copains motards rivaux. La nourrice professionnelle de trente-cinq ans fait peut-être ce métier uniquement parce qu'elle a une liaison qui dure avec un homme marié vivant dans le patelin d'à côté. Il se pourrait bien qu'un jour sa femme vienne sonner à votre porte.

En fait, les bagarres de motards ne me font pas peur (ni, comme c'était le cas chez nous, le soldat de la base aérienne voisine qui venait frapper chez nous le samedi matin à huit heures pendant que la nounou se planquait dans sa chambre en nous suppliant de l'envoyer promener). Je pourrais même supporter l'épouse en furie. L'avantage de ce genre d'aventures, c'est qu'elles se produisent uniquement hors des heures de service de la nounou, et parce qu'elle vit sous votre toit. Vous pouvez toujours contourner le problème en engageant une nourrice qui ne dorme pas sur place. Ça revient plus cher, mais ça vaut souvent la peine.

Plus graves sont les problèmes auxquels sont confrontés les employeurs qui ne savent pas comment s'y prendre avec leur nourrice. Il y a des gens qui, comme cette mauviette de Catherine, ont tellement peur de dire quoi que ce soit qu'ils finissent par tout faire, et par en vouloir à la nourrice. Il y en a d'autres qui traitent leur nourrice comme une esclave, et qui, selon la même directrice d'agence, refusent de leur donner leurs congés annuels et hebdomadaires ou de les déclarer. Il semble qu'il n'y ait pas de demi-mesure. Soit les employeurs se conduisent comme d'affreux exploiteurs, soit « ils passent leurs soirées à boire du vin avec elle et en arrivent à un tel degré de familiarité que quand, au bout de six mois, ils rencontrent un problème, ils ne savent plus comment faire marche arrière, ni comment se dépêtrer de la situation ». Certains parents sont si crédules qu'ils se font avoir ou mettent la vie de leurs enfants en danger. D'autres fouillent dans les affaires de la nounou jusqu'à ce qu'un beau jour elle en ait marre et claque la porte. « Certaines de nos filles, raconte la directrice d'agence, qui a l'habitude de jouer les médiatrices dans les situations délicates, en arrivent à mettre des cheveux ou du scotch devant leur porte pour prendre leurs patrons en flagrant délit. » Quelqu'un devrait mettre sur pied une commission spéciale chargée de s'occuper des problèmes qui s'accumulent de part et d'autre.

Autrement dit, au moment où vous faites connaissance avec un petit être vulnérable, bizarre et mystérieux, vous devez aussi créer des liens avec une nounou ou une fille au pair, expérience également nouvelle. Vos hormones sont en ébullition, vous savez à peine quel genre de famille vous êtes et vous devez vous adapter à une jeune femme qui vient peut-être d'une culture et d'un milieu radicalement différents. N'allez pas croire que ce sera facile. Mais ça sera peut-être aussi un échange enrichissant, voire le début d'une longue amitié. Pour vous rassurer, voici deux témoignages. Notre dernière nounou est devenue, quinze ans plus tard, mon assistante personnelle. Et nos voisins sont toujours en contact avec la fille au pair hollandaise qu'ils avaient dans les années soixante-dix. Comme quoi, c'est faisable.

Quelques conseils utiles :

• Notez en quoi consiste le travail – horaires, obligations et tarif des heures supplémentaires compris.

• Faites le point tous les mois pour voir comment ça se passe.

• Soyez absolument clair dans vos attentes. La nounou devra-t-elle repasser les vêtements des adultes ? Passer l'aspirateur ? S'il y a une urgence de dernière minute

et qu'elle fait des heures sup', la payerez-vous plus ou récupérera-t-elle des heures ? Pourra-t-elle choisir ce qu'elle préfère ?

Les entretiens ne sont pas chose facile non plus. Prenez quelqu'un qui a autant, sinon plus, envie de parler à votre enfant qu'à vous. La génialissime Virginia jouait aux Lego par terre avant même que j'aie pu aborder la question des horaires. Soyez attentif aux questions posées par la candidate. Si elle commence par vous demander si elle pourra utiliser votre voiture, il y a tout à craindre que les enfants ne soient pas sa priorité...

Méfiez-vous des diplômes. Une fille qui sort d'une école de puériculture sait peut-être comment disposer le matériel du bain jusqu'aux petits bâtonnets pour les ongles, mais ça ne veut pas forcément dire qu'elle saura s'y prendre avec un bébé. Vous tiquerez peut-être quand elle vous montrera son mémoire de fin d'année intitulé « Quels jeux proposer à un bébé », et que vous vous rendrez compte que les dix premières pages ne sont qu'une analyse détaillée, avec images à l'appui, de la manière dont on joue à cache-cache. Je préfère engager une fille qui sait jouer à cache-cache d'instinct.

Il peut être très précieux de se faire recommander quelqu'un par des amis. Une journaliste, qui m'a toujours paru assez je-m'en-foutiste, a gardé la même nounou pendant neuf ans (avec plusieurs nouveaux bébés). « La seule chose qu'on m'ait dite à son sujet, c'est qu'elle avait les ongles très propres, et qu'elle n'était pas du genre à partir avec le facteur. Dans les deux cas, ça s'est révélé exact. » Si vous ne connaissez la fille ni d'Ève ni d'Adam, lisez ses lettres de référence avec la plus extrême vigilance.

La directrice de l'agence de puériculture m'a donné un assez bon tuyau à ce propos. Si vous avez devant vous une lettre de référence pleine de platitudes du genre « Eugénie est une nourrice qui a de grandes compétences. Elle s'est occupée de mes deux enfants avec beaucoup de..., etc. » sans qu'il y ait le moindre mot chaleureux en sa faveur, réfléchissez à deux fois avant de l'engager. Si dans la dernière phrase on vous dit « Je suis prête à vous donner ses références par téléphone. *N'hésitez pas à me contacter pour plus de renseignements* », eh bien, faites-le, nom d'un chien. Ces gens sont peut-être en train d'essayer de vous communiquer quelque chose d'épouvantable au sujet d'Eugénie. Ils n'ont peut-être pas osé le coucher sur le papier de peur d'être poursuivis en justice pour diffamation. Ou peut-être veulent-ils simplement vous prévenir que quelque chose chez elle les mettait mal à l'aise sans qu'ils sachent très bien quoi...

Si quelque chose vous dérange, oubliez les belles références, oubliez même le fait que vos enfants ont l'air de l'apprécier. Ne l'engagez pas, c'est tout. Si vous l'engagez, il faudra que vous la gardiez.

Une fois que vous l'avez embauchée, donnez-lui des tâches précises, préparez-lui une chambre confortable, respectez ses opinions et sa vie privée et surtout, ne déversez pas vos angoisses sur elle. Les pires employeurs sont les mères rongées par la culpabilité à l'idée de travailler, qui vivent mal le fait que leurs enfants s'amusent avec une autre qu'elle et qui le lui font payer. On se rend vite compte dans quelle spirale infernale on a été aspiré. Si vous devenez comme ça, oubliez les nounous et restez chez vous. Si vous avez les moyens de vous payer une nounou, vous pouvez sincèrement vous permettre de rester à la maison pour vous occuper de votre enfant. Si cette phrase vous choque et que vous êtes obligée de faire garder votre gamin, prenez votre mal en patience et ne vous vengez pas sur la nounou.

Après tout, c'est un être humain. Elle habite chez vous. Présentez-la à vos amis. Proposez-lui de vous accompagner en week-end ou en vacances si ça lui dit. Et excusez-vous après une dispute où vous avez eu tort.

Une dernière chose. Discutez avec des mères qui ont une nounou et un travail prenant et vous verrez qu'elles n'ont qu'une angoisse : que leur super nounou les quitte sans crier gare et plonge leur vie dans le chaos. Certaines nounous le savent d'ailleurs très bien et en profitent allégrement. D'un autre côté, le chantage n'est pas une chose très agréable, ni nécessaire. Mais si vous avez pris soin de rester proche de votre enfant, il ne dépendra pas de vous aussi dangereusement.

Quand une de nos nourrices a commencé un jour à regarder ostensiblement les petites annonces à table en poussant de profonds soupirs, on a réagi en écrivant une lettre à l'agence de placement du coin. On a aussi préparé des annonces à faire paraître dans la presse locale et nationale. On a mis le tout dans des enveloppes affranchies, qu'on a rangées dans un tiroir. C'était comme un talisman pour empêcher la nounou de nous claquer la porte au nez. Ces lettres nous donnaient le courage de résister à ses exigences les plus folles, et de râler dès qu'elle se mettait à bouder.

Voici, sans commentaire, ce que m'ont répondu des mères à qui j'ai demandé quelles étaient les pires erreurs qu'elles avaient commises avec leurs nourrices. Certaines réponses se contredisent, mais elles sont toutes utiles.

- « Être trop conciliant et se retrouver à ranger les jouets du bébé pendant que la nounou sirote son café. »
- « Ne leur confier que les sales besognes. Leur demander de frotter le plancher et de rester au chevet des gosses toute la nuit quand ils sont malades. »
- « Vouloir être aimée. »
- « Bouillir de rage et ne rien dire. »
- « Vouloir tout à la fois qu'elles soient mûres, intelligentes, humbles et mal payées. »
- « Arriver comme une fleur à la fin d'une journée de travail ou de frivolités, et s'imaginer qu'on va prendre le relais et chambouler tout ce que la nounou a instauré. »
- « Être jalouse de la relation qu'a la nounou avec l'enfant. »
- « S'attendre à ce que quelqu'un d'autre aime votre enfant autant que vous. »
- « Ne pas savoir où se trouve la limite entre un patron et un ami. Connaître la vie de la nounou dans ses moindres détails. »
- « Ne pas surveiller ce que fait la nounou de ses journées. Je suis atterrée par certains parents que je connais qui ignorent tout de ce que font leurs enfants. Le syndrome déjeuner-visite au zoo-goûter signifie peut-être que votre enfant, au lieu d'avoir une relation privilégiée avec la nounou (ce pour quoi vous la payez), est transbahuté d'un endroit à l'autre avec une demi-douzaine d'autres enfants pendant que les nounous passent l'après-midi à papoter. Et après, ce sont les mères qu'on traite d'égoïstes ! »
- « Vouloir avoir une relation parfaite avec la nounou, en oubliant que ce qui compte, c'est la relation que les enfants ont avec elle. »
- « Ne jamais leur donner aucune directive. Beaucoup de ces filles sont très jeunes et aiment qu'on leur dise ce qu'elles doivent faire. »
- « Leur donner trop de directives, sans jamais les laisser prendre d'initiatives. »

- « Oublier qu'une jeune fille normalement constituée n'a pas envie de passer ses soirées enfermée dans sa chambre à l'autre bout de la maison. »
- « Ne pas se rendre compte que c'est une réaction normale chez un enfant de deux ans de déclarer qu'il déteste tout le monde, qu'il ne veut voir personne, etc. Il dit ça uniquement pour vous faire tourner en bourrique. »
- « Ignorer ce que votre enfant vous dit à propos de la nounou parce que vous ne supportez pas de regarder la vérité en face. »

Ce qui est vrai des nounous s'applique aussi à la plupart des filles au pair. Mais il y a des différences importantes. Les filles au pair font moins d'heures, elles n'ont pas forcément été en contact avec des nourrissons, et elles s'attendent à faire partie de la famille. Il n'est pas non plus toujours possible de leur faire passer un entretien avant leur arrivée. Combien de familles ont ainsi pris livraison en tremblant d'une géante à l'air renfrogné venue de Suède ou d'une bombe sexuelle de Hambourg, avec des ongles d'un centimètre de long et pas la moindre envie d'apprendre à dire « non » en français ?

Des tas d'histoires horribles courent sur les filles au pair, mais elles sont largement compensées par les témoignages de familles qui ont trouvé en elles une amie, une aide et qui les ont pratiquement adoptées comme leur fille.

D'une certaine manière, ce statut familial obligé facilite les choses. Au moins, tout le monde sait à quoi s'en tenir. On ne s'embarrasse plus de savoir si on doit être ami ou patron. La fille au pair mange avec vous, un point c'est tout. « Mais celui qui croit, déclare une mère munie d'une longue expérience, qu'une fille au pair n'est qu'une nounou au rabais se met le doigt dans l'œil. C'est un être différent, qui a des fonctions différentes. Et il faut que vous aussi, vous soyez différent. Si une nourrice a mal aux dents, elle se débrouille pour aller chez le dentiste au moment qui vous dérange le moins ; elle s'arrange même éventuellement pour se faire remplacer. Si une fille au pair a mal aux dents, vous l'accompagnez chez le dentiste, vous lui servez d'interprète, vous la mettez au lit avec un grog, vous téléphonez à son petit copain à Stockholm avant de partir chercher ses devoirs d'anglais à la fac, et vous lui ramenez un nouveau vernis à ongles pour lui remonter le moral. »

Le fait d'employer une gardienne, une nourrice ou une fille au pair peut être une expérience chaleureuse. En ce moment même, j'ai quelqu'un qui me convient à merveille et j'ai bon espoir que ça continue. Mais il y a eu des moments où, quand j'avais fait une bonne partie des erreurs mentionnées ci-dessus, je n'avais pour seule consolation que cette histoire apocryphe que m'avait racontée ma mère. Il s'agissait d'une famille de catholiques très pratiquants qui, pour remercier le Seigneur, chantèrent une messe le jour où leurs enfants devinrent assez grands pour se passer à tout jamais de nounou. J'imagine qu'ils avaient dû commander une prière spéciale pour fêter l'occasion. Et passer la Bible au peigne fin à la recherche de lectures appropriées. Le chapitre 5, verset 3 du Livre des proverbes fera peut-être l'affaire :

Car les lèvres de l'étrangère distillent le miel,
Et son palais est plus doux que l'huile ;
Mais à la fin elle est amère comme l'absinthe,
Aiguë comme un glaive à deux tranchants.

8

Deux ans, l'âge des tornades

Quand j'étais à l'université, il y a des années de ça, j'avais un ami irlandais qui avait une barbe hirsute et un caractère imprévisible. Il se mettait à la fenêtre de sa chambre pour beugler des chansons dans un mégaphone, et prenait des cuites phénoménales au cours desquelles il insultait tout le monde pour finir toujours par chialer comme une Madeleine. Il s'était pris d'affection pour moi. Par moments, il était adorable, drôle, agréable, toujours à chantonner des chansons irlandaises. À d'autres moments, il vous insultait en pleine rue et sabotait vos dîners en agressant les invités. Une année, il était allé à Brighton et il avait acheté quarante-cinq petits cochons en porcelaine en souvenir de moi. Il les avait tous mis en rang d'oignon sur le rebord de son immense cheminée. J'avais été très touchée.

Un soir, après s'être disputé avec sa copine, il s'était introduit dans ma résidence et s'était retrouvé au pied de mon lit à trois heures du matin, flanqué d'un jeune conservateur saoul comme une vache avec qui il venait d'avoir une discussion enflammée. Ils voulaient m'apporter une coupe de champagne, sauf qu'ils avaient cassé la bouteille en escaladant le mur d'enceinte du jardin. C'étaient tous les deux de solides gaillards, mais à peine avais-je haussé la voix (tirant pudiquement les couvertures à moi) qu'ils reprirent docilement le chemin de leur maison. Le lendemain, Guy était penaud, mais quelques heures plus tard, il décida que je l'avais insulté, et fracassa les quarante-cinq cochons de porcelaine à grands coups de marteau.

J'ai beaucoup pensé à lui ces dernières années. Pendant dix ans, j'ai vécu entourée de gens rationnels et civilisés ; je n'avais donc, pour me préparer à vivre avec un enfant de deux ans, que le souvenir des petites bizarreries de Guy. On ne rencontre que très rarement chez les adultes ces colères insensées, ce charme irrésistible, ces sautes d'humeur qui caractérisent un enfant de deux ans. Si vous avez passé votre vie avec des gens calmes et raisonnables, vous allez vous retrouver sérieusement démunie devant le petit monstre dont vous allez hériter

pendant quelque temps. Je conseillerais à tous les parents de suivre des stages intensifs qui les préparent à affronter ces créatures versatiles. Il leur serait par exemple utile d'avoir vécu avec Serge Gainsbourg dans sa période la plus déchaînée, d'avoir chaperonné une prima donna au cours de sa vingt-cinquième tournée d'adieu, ou d'avoir travaillé pour un magnat de la presse instable. Si vous pouviez vous arranger pour devenir l'imprésario d'un groupe punk pendant quelques années, je crois que vous auriez compris l'essentiel.

Tout ce qui vous permet de côtoyer des gens délirants sans perdre votre calme vous sera utile. Après un week-end particulièrement mouvementé, Paul et moi, qui avons toujours eu horreur des grandes scènes, sommes arrivés à la conclusion que Nicolas était probablement la personne la moins inhibée de la maison. Nous nous retrouvions toujours dans la position des épouses de Barbe-Bleue, pleurant de joie quand il nous faisait un sourire et tremblant de peur quand il fronçait le sourcil. Et ne croyez pas qu'il faille être une poule mouillée pour s'écraser devant un enfant de deux ans. Un jour, j'ai observé un couple de parents dans un restaurant – c'étaient des gens brillants, ambitieux, sûrs d'eux, tous les deux des personnalités importantes – qui faisaient de leur mieux pour calmer une fillette aux cheveux dorés : elle avait décidé de se rouler par terre en hurlant plutôt que de mettre son manteau. (On était en plein hiver.) Ils n'ont pas eu gain de cause et ont regagné leur BMW la queue basse, leur gamine sans manteau sous le bras.

Un ami, qui était venu déjeuner chez nous un dimanche à midi avec sa petite famille, est revenu sonner à notre porte le soir à huit heures – il venait de faire trente kilomètres de route et de monter le raidillon au pas de course – pour nous demander hors d'haleine si nous n'avions pas trouvé un panda en peluche. Nous lui avons tendu l'animal, et, sans un mot, sans même s'arrêter pour prendre une tasse de thé, il a repris la direction de sa maison où l'attendait sans doute une petite créature implacable qui refusait d'aller se coucher sans son panda préféré.

Ça fait partie du contrat : un enfant de deux ans vous oblige à rabaisser vos prétentions. Vous ne faites même plus attention à la laideur de ses jouets, tant vous êtes soulagée qu'il s'amuse gentiment. Vous oubliez que vous avez un jour juré que *jamais* vous ne le laisseriez s'asseoir sur son pot en plein milieu de la salle de séjour, parce que vous êtes trop content qu'il daigne y poser son derrière.

Inutile de se leurrer en se disant que l'on sera épargné. Au contraire, si l'on est prêt au pire, on ne peut qu'être soulagé lorsqu'on a passé ce cap difficile. Deux ans, c'est l'âge où un bébé, qui auparavant recevait passivement ses satisfactions de sa mère, découvre qu'il a le choix, qu'il a même un éventail de choix aussi terribles qu'attirants. Il peut descendre avec vous, ou bien rester en haut... Il n'arrive pas à se décider... Il proteste en hurlant, parce que, quelle que soit la décision que vous avez prise, il faut qu'il prenne le contre-pied simplement pour vous prouver que maintenant il est lui aussi capable de prendre des décisions.

J'ai passé un jour toute une matinée à essayer d'éviter de contrarier mon fils, tout ça pour écoper d'une scène épouvantable à midi sur un thème bien classique.

– Je veux du jus d'orange.

– Bien, mon chou. Voici un joli verre de jus d'orange.

– Je veux du jus de *citron*.

– Du jus de citron. Ah, d'accord. Eh bien, je vais te donner du jus de citron à la place du jus d'orange.

– Non, je veux du jus d'ORANGE !

– Bon, eh bien voilà.

– J'EN VEUX PAS ! J'EN VEUX ! J'EN VEUX PAS !

L'hystérie monte de part et d'autre. Je repose les deux verres, en m'efforçant de rire gaiement. D'un geste du bras, il les envoie promener. Il commence à donner de grands coups de pieds dans sa chaise en hurlant :

« VA-T'EN, MAMAN ! MAMAN VILAINE ! MAMAN RESTE ! » On dirait un ivrogne dans une fête de village. Le moindre prétexte est bon pour chercher la bagarre avec Maman.

Un livre américain décrit ce stade en ces termes : « Ce sont des exercices d'indépendance. » On voit bien ce que ça veut dire. Les enfants ont besoin d'apprendre à devenir indépendants. Et vous êtes leur seul repoussoir.

De plus, après avoir touché à tout quand il était bébé, votre enfant vient de découvrir l'usage des objets, et il entend apprendre à s'en servir. Cela dit, ses moyens étant limités, il n'y arrivera peut-être pas du premier coup. Et sa patience étant encore plus limitée, il finira par vous jeter son jouet à la figure tellement il est énervé. Les jouets bien conçus tiennent compte de ces limites. Le remontoir du phonographe de chez Fisher-Price est sans doute trop compliqué pour un enfant de deux ans, mais il peut toujours se rabattre sur le bouton marche/arrêt et le bras du pick-up pour avoir l'impression d'arriver à quelque chose. Un jouet mal conçu ou un jouet qui n'est pas de son âge peut s'avérer si frustrant qu'il n'y a pas d'autre moyen de s'en sortir que de piquer une colère. Même en faisant extrêmement atten-

tion, on est voué à tomber sur un os de temps en temps. À sa naissance, ma fille avait « offert » à son frère un petit tracteur en bois. Il était ravi. Au point qu'il a voulu s'asseoir dedans. Mais comme le tracteur ne faisait pas plus de vingt centimètres de long, ça n'a pas été possible. Nicolas a rameuté tout l'hôpital avec ses hurlements... Ça a duré quelques minutes, puis il a décidé d'aller voir les berceaux des nouveau-nés. Ensuite, il est parti faire un tour en chaise roulante.

Avec les enfants de deux ans, il faut avancer prudemment. Inutile de les engueuler à l'avance ou au mauvais moment, ou encore d'ignorer leurs propositions, sous prétexte que vous êtes fatiguée. Cette petite voix qui vous demande « Tu veux de la sooouuupe, Maman ? » en vous tendant un cendrier plein de mégots qui flottent dans du lait n'est sans doute pas ce que vous souhaitez entendre en vous asseyant pour la première fois de la journée. Mais si vous répondez en hurlant « Qui a laissé le cendrier sur la table ? Et d'abord, où est-ce qu'il a appris à servir à manger si poliment ? », vous sabotez un jeu qui, si vous l'aviez diplomatiquement encouragé, vous aurait laissé une heure de paix, pendant que votre enfant s'amusait à préparer de la soupe avec des ingrédients moins nocifs. Si vous lui faites la guerre pour qu'il aille au lit, vous serez bonne pour la lui faire tous les soirs. Si vous le forcez à manger ses épinards, vous le rendrez malheureux, et vous vous préparerez à des années de conflits qui vous rendront tout aussi malheureuse. Tant que votre enfant en est à ce stade difficile, agissez avec tact et diplomatie, montrez-vous gaie et enthousiaste.

Au pire, s'il y a un drame, vous pouvez toujours leur dire des gros mots. Ça leur donne des fous rires bien avant qu'ils en saisissent le sens. Et ils s'empresseront de les répéter toute la journée. J'en parle en connaissance de cause, moi dont l'enfant innocent a passé le jour de Noël à lancer des « Casse-toi ! » à sa grand-mère venue exprès pour les fêtes.

Ce qu'il faut faire, c'est arriver à diriger votre petit rebelle tout au long de la journée sans qu'il s'en aperçoive, en présentant toujours l'étape suivante sous un jour attrayant, et si possible de manière à ce qu'il croie que c'est lui qui en a décidé ainsi. Prenez l'habitude de lui proposer des choix, mais jamais les bons. Si vous laissez un enfant de cet âge devant de grandes alternatives, ce sera probablement la panique. Au début, c'est une décision bien trop énorme que de devoir choisir entre une promenade et le fait de rester à la maison. Mais des propositions du genre « On monte avec le panda ou le lapin ? », « Tu veux lire un livre pendant qu'on change ta couche ? » ou bien « Qu'est-ce que tu veux comme shampooing ce soir, le rose ou le jaune ? » sont en réalité soigneusement calculées pour le faire réfléchir pendant qu'il monte l'escalier, se laisse changer ou rentre dans son bain, en obéissant de manière purement accidentelle. Si vous lancez d'un ton ferme « Allez, hop, on monte prendre un bain ! » sans autres précautions, vous avez 60 % de chances d'avoir des problèmes. D'un autre côté, si vous lui laissez trop de choix, vous allez vous retrouver coincée dans l'escalier avec votre panier de linge sous le bras, et un enfant qui vient de se raviser à propos du panda.

Improvisez au fur et à mesure. Proposez-lui des choses intéressantes et qui ne prêtent pas à conséquence, son disque préféré quand il monte faire la sieste, un coup d'œil à la pelleteuse mécanique lorsqu'il vient se mettre à table.

S'il refuse de manger, faites ce que conseillent tous les manuels. Présentez-lui sa nourriture de manière originale. Mais ne vous cassez pas la tête à faire des boulettes de viande en forme de hérisson si vous n'avez pas envie. Servez-lui simplement à manger dans un bol chinois, ou sculptez un chapeau dans un morceau de poisson pané. Mon fils mangerait n'importe quoi pourvu que ce soit saupoudré d'un peu de vermicelle multicolore. Ça donne un air un peu bizarre au steak haché, mais bon !

La chose essentielle, une fois que vous avez convaincu votre enfant de faire quelque chose, c'est de le distraire. J'ai un jour observé, médusée, comment une nounou qui connaissait son métier s'y prenait pour faire avancer un enfant réticent le long d'une plage de galets. L'enfant n'arrêtait pas de dire « Je veux pas venir. Je veux pas. Je veux marcher, pas prendre la poussette, non, MARCHER ! » jusqu'à ce que la vieille Janet intervienne avec cet argument de choc : « BON, MAINTENANT, TAIS-TOI ! Tu fais tellement de bruit que je n'arrive même pas à entendre ce que disent les galets. Ils se racontent des histoires. Qu'est-ce qu'ils disent ? Ouvre bien grand tes oreilles... » L'enfant se pencha en avant d'un air fasciné et avança le long de la plage sans moufter pendant un quart d'heure. « Si l'on n'arrive pas à les distraire à cet âge-là, c'est qu'on est *foutu* », déclara la vieille Janet d'un air satisfait.

Un jour, j'ai dit à ma fille qui poussait des gloussements dans la voiture : « Ah, tu ponds un œuf ? Tu veux qu'on le fasse cuire à la coque ou au plat ? » Cette question métaphysique a coupé court à la crise de nerfs qui couvait.

Toute personne responsable d'un enfant de trois ans saura tirer parti de son intelligence en plein développement. Si vous savez à quoi il est sensible, vous pouvez en user et en abuser. La vitesse des progrès est spectaculaire à cet âge-là. Prenez le langage : vous passez directement du stade où vous êtes fier de son premier mot à celui où vous priez pour qu'il se taise.

Mais le langage est une bénédiction. Plus vite un enfant sait s'exprimer correctement et intelligiblement, moins tout le monde se sent frustré. Une fois qu'il s'est approprié les mots, il peut demander ce qu'il veut et exprimer ses sentiments au lieu de déverser sa rage devant un monde qui le frustre.

Le stade qui précède l'apparition du langage est souvent un moment atroce. Les bébés les plus têtus souffrent – et vous infligent par la même occasion – de terribles frustrations. Il est plus difficile de calmer un bébé qui pleurniche qu'un enfant de deux ans dans le même état qui vous dit : « Je veux que la voiture du facteur s'en aille. » Même s'il vous dit « Je veux le couteau à pain », le langage est salutaire. Au moins, vous pouvez lui proposer un substitut qui ait un nom et une fonction également intéressants, le batteur à œufs par exemple. De manière générale, si votre enfant sait parler avant que la rébellion ne s'en mêle, votre vie s'en trouvera facilitée. Mettez le paquet sur le développement du langage.

Ce n'est pas difficile. Il suffit de parler. Et inutile d'utiliser des mots de bébé. Mes deux enfants ont su dire « chat » avant de savoir maîtriser un mot comme « minou ». Parlez-leur clairement en répétant beaucoup, ils apprendront plus vite que si vous essayez de leur faire répéter les mots après vous. Vous vous lasserez vite de dire : « Allez, répète : "canard". »

Dès qu'ils commencent à parler, assurez-vous qu'ils comprennent les mots indispensables comme « manger », « boire », « chaud », « froid », et, pour finir, l'incontournable « pot ». Voici également quelques notions de base que vous pouvez leur apprendre : « dans une seconde », « bientôt », « plus tard » et « un jour ». Si votre enfant vous demande un gâteau pendant que vous êtes en train de changer le bébé, vous aurez besoin de « dans une seconde » pour lui faire comprendre que ça ne saurait tarder. Si vous avez prévu de sortir dans une demi-heure, vous aurez besoin de « bientôt » pour qu'il ne pique pas de crise. Si Papa ne rentre pas avant six heures, vous aurez besoin de « plus tard ». Si votre enfant vous réclame une moto, vous aurez besoin de lui dire « un jour ». C'est rarement une bonne idée de dire « jamais », sauf dans des phrases du genre « On ne joue jamais avec les allumettes » ou encore « On ne frappe jamais les gens ».

C'est mon mari qui m'a appris toutes ces subtilités. Il était allé dans son atelier avec Nicolas qui avait alors vingt et un mois et Nicolas avait demandé à avoir une tronçonneuse. J'avais dit : « Non, tu ne peux pas avoir de tronçonneuse. Non, la semaine prochaine non plus. » Paul avait rectifié, évitant ainsi la crise, en ajoutant « un jour », expression qui faisait référence à un avenir lointain.

Globalement, dès que vous arrivez à vous faire comprendre, et que votre enfant commence à vous demander des choses, faites des efforts, utilisez quelques formules idiotes de manière à dire plus souvent « oui » que « non ». Si un enfant me demande un couteau, je lui sers cette subtile réponse : « Tu as tout à fait raison, c'est un beau couteau. Mais qu'est-ce qu'il coupe ! Je crois que je vais le remettre dans son tiroir. Oui, c'est ça, quand tu auras dix-sept ans, tu pourras t'acheter le même. » Je me fais l'effet d'une vieille institutrice de campagne faisant une leçon de morale à sa classe. Mais ça marche une fois sur deux. J'ai donc deux fois plus de chances d'avoir la paix que si j'avais dit « non » d'entrée de jeu. Mais je ne bannirais pas le « non » pour autant. Vous pouvez apprendre à un bébé de neuf mois ce que ça veut dire. C'est un mot qui, dans certaines circonstances, a permis de sauver des vies. Usez-en avec modération, c'est tout.

Quand on en vient aux règles et aux interdictions, il est bon de faire appel à une puissance supérieure et mystérieuse responsable des relations de causes à effets. Ça dédramatise les conflits.

Il vaut mieux présenter les choses en disant « Si tu continues à embêter Rose avec ce pschit-pschit, je vais être obligée de te le confisquer » plutôt que de dire « Je vais te confisquer ce pschit-pschit ! ». Vous mettez en avant la relation de cause à effet plutôt que la menace. Si vous voulez persuader un enfant de mettre ses chaussures ou son pull en plein hiver, vous arriverez à de bien meilleurs résultats en introduisant une idée d'universalité : « Qu'est-ce que les gens vont penser s'ils te voient sortir sans pull-over ? » On croirait entendre une vieille grand-mère qui radote, mais c'est un fait, les grands-mères qui radotent obtiennent des résultats. Inversement, il est bon que dans les moments difficiles les parents ne soient pas perçus comme l'unique source des bienfaits et des joies. Un enfant se sentira réconforté si son pingouin vient lui « apporter » une mandarine, ou si une mystérieuse petite souris lui laisse un cadeau sous son oreiller. Ça l'encourage à croire en un univers bienveillant, ce qui n'est pas une mauvaise chose.

Vous pouvez aussi jouer à faire des farces de concert avec votre enfant. Pendant des semaines, le jeu préféré de mon fils consistait à « faire peur ». Il arrivait devant quelqu'un en brandissant d'un air menaçant une arme en général assez inoffensive, du genre petite cuillère. Là-dessus, la victime était censée reculer en s'écriant « Oh, non ! J'ai peur ! » Et Nicolas repartait en frémissant de plaisir. Je dois avouer que c'est moi qui lui avais appris ce petit jeu. (« Viens, on va faire peur à papa avec un poisson en plastique. ») C'était un bon moyen de faire diversion et de lui donner un sentiment de puissance et de fierté bien macho. Dès que je voyais que les choses allaient mal tourner, je m'en tirais en suggérant d'aller faire peur à Grand-mère avec un bout de Lego. Quand ça lui a passé, on a inventé d'autres jeux-catastrophes et d'autres sujets de plaisanterie. Il suffisait de transformer le moindre événement en exploit : « Non, je n'y crois pas ! Nicolas a construit une TOUR ! Je parie qu'il n'est pas assez grand pour la faire tomber ! Et si, il y est arrivé ! »

Si votre enfant a moins de deux ans, tout cela vous remplira sans doute d'effroi. « Quoi ! Apprendre à un enfant à menacer les gens ! Lui suggérer d'outrepasser les bornes sans arrêt ! C'est choquant ! Les enfants sont par nature gentils, ils cherchent à plaire aux adultes, à vivre en harmonie. Le bon sens exige qu'on leur apprenne à avoir de la considération pour les autres... » Le problème, c'est qu'à deux ans, les enfants n'ont pas forcément envie d'être gentils, et que, pendant des mois, ils se fichent pas mal que vous les approuviez ou non. Que vous les aimiez, oui. Que vous les approuviez, non. Les raisonnements ne servent pas à grand-chose. La gentillesse est, en revanche, une chose essentielle. Mais ne leur demandez pas de vous dire merci. La pire erreur que vous puissiez faire, c'est de croire que, parce qu'il marche et qu'il parle, votre enfant est un être mûr et raisonnable. C'est faux. J'ai été un jour à deux doigts de perdre mon fils (je n'en dirai pas plus sur le chapitre de la sécurité. Une vigilance de tous les instants est une absolue nécessité. Ça n'a donc pas d'intérêt de rentrer dans les détails). J'avais emmené Nicolas faire des courses, et pour une fois, je ne lui avais pas mis son harnais. En me baissant pour mettre les paquets dans la voiture, je lui ai lâché la main. Il était de bonne humeur, il savait qu'il fallait rester sur le trottoir, et je lui ai dit de ne pas s'éloigner. Pendant les quelques secondes où il s'est retrouvé libre, il a filé derrière la voiture et s'est mis à gambader gaiement au milieu d'une route où les voitures roulaient à toute allure. Il voulait me faire une blague. Malgré sa facilité d'élocution, sa rapidité d'esprit et ses nombreuses qualités, il n'avait que deux ans, et il était impossible de lui faire confiance. Le fait qu'il puisse mourir ou être blessé était pour lui tellement inconcevable que ça n'entrait même pas en ligne de compte. Ça aurait été entièrement de ma faute si une voiture l'avait renversé ; ma faute de n'avoir pas su apprécier où il en était de son évolution.

Mieux vous connaîtrez votre enfant, mieux vous veillerez à sa sécurité. Et mieux vous saurez organiser des jeux qui le mettent de bonne humeur. À vingt mois par exemple, vous arriverez à faire sortir un enfant de son bain en lui disant que vous allez écouter la baignoire faire *sluuurrrrp* et en imitant vous-même le bruit de l'eau qui s'en va, tout en lui séchant adroitement les oreilles. À deux ans et quelques, vous pouvez faire miroiter des choses plus sophistiquées et moins immédiates, comme de « s'habiller et descendre voir si Papa a préparé un verre de lait et un biscuit ». Si vous faites allusion au verre de lait devant un enfant plus jeune, il ne sera plus question de l'habiller. À trois ans ou presque, vous pouvez invoquer toutes sortes de raisons extrêmement élaborées : « Maintenant que tu es tout beau tout propre, on va pouvoir te mettre ton nouveau pyjama avec le lapin » ou bien « Maintenant qu'il est presque l'heure de *Tom et Jerry*... » ou même « Puisque tu as été si gentil avec Maman... » (Personnellement, je ne compterais pas trop sur cette dernière suggestion.)

À mesure que votre enfant grandit, vous pouvez arrêter de lui raconter des histoires pour répondre de manière sensée à des questions sensées. Ce qui ne l'empêchera pas d'avoir quelques idées surréalistes de temps à autre. Pendant des mois, notre fils a arpenté la cuisine en criant : « Je suis en train de stibuler. Je reviens dans une seconde. Rends-moi ma stibule. C'est bien, merci ! » Nous n'avons jamais très bien su ce que « stibuler » voulait dire au juste, mais nous avions l'impression que ça ne nous regardait pas. Le seul problème, c'est qu'on n'osait rien jeter – même pas une vieille jambe de poupée cassée – de peur que ce ne soit la fameuse stibule.

Le médecin m'a demandé un jour, alors que Nicolas était un peu fiévreux, si j'avais jamais remarqué « des signes de bouffées délirantes » chez lui. J'étais incapable de lui donner une réponse. Quand vous avez un enfant qui se réveille le matin en disant « Hein qu'on n'a pas le droit de mettre la tronssonneuze de Papa dans la machine à laver ? », c'est difficile de distinguer les moments de délire et la conversation normale.

Le développement de l'imagination est une bénédiction pour les parents. Dès que votre enfant commence à mettre un bonhomme dans une boîte en prétendant qu'il s'agit du tracteur du fermier, c'est un nouveau monde de jeux qui s'ouvre à lui. Il ne vous reste plus qu'à prendre la chose très au sérieux. Si le bâton qui est posé sur le canapé est la barre du gouvernail, n'y touchez surtout pas. J'ai eu droit à des pleurs pendant toute une matinée, parce que j'avais déplacé un coussin sans m'être rendu compte qu'il s'agissait d'une botte de foin ! Si votre enfant a besoin d'une roue de secours pour sa voiture, vous pouvez toujours lui proposer une assiette en plastique. Mais ne vous vexez pas s'il ne la prend pas.

S'il aime jouer sur le siège avant de la voiture, enlevez les clefs de contact et laissez-le s'amuser. Si vous trouvez que c'est trop dangereux, installez-vous à côté de lui et lisez le journal. L'été où Nicolas a eu dix-huit mois, il faisait une chaleur écrasante. Au lieu d'aller jouer dans sa piscine gonflable, il se dirigeait vers la Land-Rover, qui était sa seule véritable passion. Je m'asseyais à côté de lui pour rédiger des critiques de livres pendant qu'il appuyait sur le klaxon, et que dehors il faisait grand soleil. Il fallait voir la tête des voisins. Mais que voulez-vous, j'étais enceinte de sept mois, j'avais le rhume des foins, et Nicolas était obsédé par les Land-Rover. On ne faisait de mal à personne avec notre petite manie.

Une autre remarque à propos des enfants de deux ans, concernant leur santé. Pour une raison ou une autre (soit qu'ils sont davantage en contact avec d'autres enfants, soit qu'à cet âge ils « brûlent la corde par les deux bouts » comme on dit), les enfants semblent plus particulièrement sujets aux infections virales quand ils approchent de leur deuxième anniversaire. Si j'ai bien compris, dès qu'un pédiatre vous dit qu'il n'est pas sûr, mais qu'il ne s'inquiète pas outre mesure, et que c'est le dixième cas qu'il voit de la semaine, il s'agit d'une infection virale. Un bon pédiatre acceptera de vous voir aussi souvent que vous le souhaitez. Il contrôlera les zones à risques (estomac, yeux, oreilles, gorge) et prescrira rarement plus que de l'aspirine nourrisson à l'heure du coucher. Il est là pour vous rassurer et vérifier que l'infection virale ne cache pas une maladie plus grave.

En voici en gros les symptômes. Les enfants sont pris de crises de vomissements et de diarrhée, ils ont le nez qui coule et de petits accès de fièvre, et ils sont d'une humeur exécrable. C'est comme s'ils recommençaient à « faire » leurs dents. J'en parle parce que c'est apparemment une chose assez fréquente, qui peut vous faire paniquer si ça s'éternise. Nicolas a été patraque pendant deux mois et demi. J'allais pleurer chez le pédiatre en lui disant qu'avant j'avais un bébé costaud, éclatant de santé, nourri au sein, et que maintenant je me retrouvais avec un malade chronique. Qu'est-ce que j'avais bien pu faire de mal ? Était-il en train de dépérir parce que j'avais égoïstement eu un deuxième enfant ? Ou est-ce qu'il faisait une allergie au XXe siècle ? Pendant ce temps, Nicolas était grognon et renfermé, en partie à cause de l'âge, en partie parce qu'il était tout le temps malade. Le pédiatre proposa de faire des analyses d'urine, un effort qui nous valut bien des heures horribles (ce n'est pas le moment d'essayer de le mettre sur le pot). Bref, nous vivions un enfer.

Nicolas a fini par se remettre, et en regardant autour de moi, j'ai remarqué que les autres victimes du virus hivernal s'étaient également remises, et que leurs mères avaient recommencé à se coiffer et retrouvé un pas leste.

Vous verrez que ça finit par passer.

Voici les seuls conseils que je puisse vous donner.

- Si votre pédiatre n'est pas compréhensif, consultez quelqu'un d'autre. (Demandez conseil à d'autres mères.)
- Ayez toujours sous la main un sac ou une boîte qui contiennent des choses intéressantes (sifflets, livres, ballons gonflables, bulles de savon, autocollants), que vous pouvez sortir dans les situations désespérées.
- Ayez toujours un pichet de jus d'orange dans le frigo, du vrai si possible.
- Si votre enfant digère mal le lait et qu'il en réclame parce qu'il en prend en temps normal, vous pouvez le remplacer par de l'eau chaude avec du miel. Mélangez

une cuillerée de miel, un peu de jus de citron et de l'eau chaude. C'est une source d'énergie et de réconfort même pour l'estomac le plus fragile. Préparez-en un pour vous, en y ajoutant un peu de whisky.

Les jouets et les jeux à proposer à un enfant au cours de la journée

À deux ans, un enfant est encore globalement insensible au charme des cochonneries que l'on trouve sur le marché du jouet, ces horreurs qui s'inspirent des bandes dessinées et qui ne sont fabriquées que pour faire dépenser leur argent de poche aux plus grands. Vous pouvez encore acheter à vos enfants des jouets solides et bien conçus, et vivre pendant quelque temps à l'abri de Spiderman, Mon Petit Poney et les produits dérivés de

Harry Potter. Ce n'est pas seulement un investissement utile, c'est aussi un plaisir d'acheter des jouets qui durent. La ferme Fisher-Price par exemple, ou une collection de personnages Duplo qui s'emboîtent sur les briques du même nom, et plus tard sur les Lego. Allez rôder dans les ventes de charité pour voir quels sont les jouets qui ont tenu le coup. Vous serez surpris par le peu de marques qui sont représentées. Vous pouvez même y acheter quelque chose. Un enfant de deux ans ne se vexera pas de recevoir un téléphone d'occasion, à condition que la sonnerie fonctionne.

Même si ça vous semble fastidieux, il est bon de trier les jouets une fois tous les quinze jours (bon, d'accord, une fois par mois). Si ça vous chante de reconstruire les pyramides et d'empiler les gobelets gigognes, faites-le. Mais surtout mettez de l'ordre dans les paniers. Séparez les outils des vêtements de poupée. Rangez les briques par famille (si vous avez été assez inconsciente pour commencer plusieurs collections !). À mon avis, ce travail ne peut se faire que si les enfants ne sont pas à la maison. Après ça, les jouets paraissent plus neufs et plus intéressants. Et ça vous permet de saisir un panier en décrétant « Bon, maintenant on joue au pique-nique ! » sans être obligée de fouiller misérablement dans une boîte qui contient une vieille chaussure, une tasse à café, un chapeau de poupée, la moitié d'un camion Duplo et la lame d'une épée en plastique.

Le fait de faire disparaître certains jouets pendant un mois ou deux est également un assez bon stratagème. Entre un an et trois ans, vous pouvez offrir à un enfant trois fois le même cadeau sans qu'il s'en aperçoive. À chaque fois, il s'en lasse au bout de quelques semaines et pousse des cris de joie en le retrouvant quelque temps plus tard.

Avant, ces rangements me terrifiaient. Le fait de devoir me débattre dans un océan de plastique aux couleurs criardes et de trier de la vaisselle de poupée me paraissait le summum de l'aliénation maternelle. Mais ne vous découragez pas, vous finirez par vous prendre au jeu. La parade des camions Duplo que j'organise une fois par mois est un des événements de la maison. J'en ai pour toute la soirée. Tout en écoutant une pièce radiophonique, je remets les échelles sur les camions de pompier et les bonshommes au volant de leurs véhicules. (Il y en a un que mon fils a baptisé Monsieur Néocodion, si jeune, et déjà hypocondriaque !)

Aussi surprenant que cela puisse paraître, l'une des grandes joies d'être parent, c'est de fabriquer des jouets pour ses enfants. Surtout si c'est votre mari qui s'en charge.

Comme la passion de mon mari pour la menuiserie s'est trouvée à l'origine d'une longue série de requêtes de la part des enfants (de leur petite voix flûtée, ils demandaient des scies, des haches, des rabots, des ciseaux à bois et des chignoles), c'était un juste retour des choses qu'il se serve de ses outils pour en fabriquer à Nicolas. La hache de Nicolas, avec sa lame argentée, est un modèle du genre. Paul l'a bricolée en une demi-heure, après que j'ai fait le tour des magasins de jouets de Londres à la recherche d'un tomahawk, pour combler un souhait ardent que Nicolas répétait tous les matins en se réveillant : « Je veux une hache rien qu'à moi pour couper des bûches. » J'avais finalement abandonné la partie quand le vendeur d'un grand magasin m'avait répondu en prenant des airs supérieurs : « Nous avons bien sûr des panoplies d'Indiens, mais des tomahawks, ça non. Nous ne vendons pas d'armes aussi barbares. » Tout autour de lui étincelaient les pistolets-mitrailleurs, les rayons laser, les lance-missiles et les jeux vidéo consacrés exclusivement à dégommer les extraterrestres avant même qu'ils aient atterri. Tout ce que mon petit pacifiste de fils réclamait, c'était de pouvoir couper du bois.

Même si vous n'êtes pas doué pour le bricolage, vous pouvez toujours improviser ou acheter des jouets qui ne coûtent pas cher. Je ne parlerai pas des plus évidents (briques, chariots, etc.), mais voici quelques bizarreries récoltées dans une dizaine de foyers.

- Une vieille machine à écrire.
- Des pinces à linge. Vous verrez qu'ils se coincent les doigts une ou deux fois, puis ils apprennent.
- Des coquillages et des cailloux. Assurez-vous qu'ils ne puissent pas les avaler.
- Des tonnes de vieux papier, des stylos feutres, une toile cirée, et des nerfs d'acier.
- Un panier rempli de vieilles tasses incassables et des raisins secs pour un pique-nique improvisé.
- La bassine de la vaisselle.
- Une réserve de vieux magazines à déchirer.
- Un drap que vous jetez sur une chaise pour faire une cabane, ou dans lequel l'enfant puisse s'enrouler. Mieux encore, un vieux drap déchiré en bandelettes avec lesquelles votre enfant puisse faire le fou.
- Un épluche-légumes émoussé et une pomme de terre.
- Les cassettes de chansons pour les jeunes enfants ont beaucoup de succès. Mais méfiez-vous : il existe sur le marché des chansons avec des paroles incompréhensibles et une espèce de musique pop horrible. On peut cependant trouver des chansons originales chantées distinctement, avec des bandes sonores rigolotes. Il faut s'attendre à ce que les enfants deviennent complètement accro. Le jour où la cassette ne marche plus, c'est vous qui êtes obligée de chanter.
- Des plaques de polystyrène à casser avec un marteau en plastique. (Vous pouvez trouver des chutes chez les fleuristes par exemple.) Interdit aux mâchouilleurs.
- Une effigie de canard dont se servent les chasseurs. C'est de loin le meilleur jouet pour le bain. Notre ami Saturnin a passé un an dans notre baignoire. Entre son plumage somptueux et une mystérieuse capacité à faire

pipi (par un petit tuyau situé sous son ventre), il nous a valu bien des heures de bonheur.

• De vieilles roulettes. Ne me demandez pas pourquoi. Même chose pour les vieux pompons de rideaux.

• Des balles de ping-pong. Un nombre impressionnant d'utilisations.

• Un bac à sable pour le jardin. J'ai déboursé cinquante euros pour en acheter un en plastique, et juste après, des amis ont trouvé un vieux pneu de tracteur pour quinze euros et se sont fait un superbe bac à sable, bien plus beau que le mien.

• Pour quinze euros, vous pouvez acheter un vieux canot pneumatique troué ; vous pouvez même l'avoir gratuitement. C'est le meilleur cadeau qu'on puisse faire à un enfant de deux ans dont l'imagination commence à se développer. Installez-le dans le jardin avec un mât et une voile en coton. Ça dépasse tout ce qu'on trouve dans le commerce.

• Un placard rempli de boîtes de conserve. D'après la mère d'un enfant notoirement exigeant, il suffit de grommeler de temps en temps « Je prendrais volontiers un peu de Kit Kat », pour qu'il soit content pendant des heures.

Mais tous ces jeux nécessitent que Maman soit là pour donner le coup d'envoi, même si elle n'est pas

toujours d'humeur à jouer. Il suffit parfois de passer quelques minutes avec un enfant pour qu'il soit content pendant une demi-heure. Et vous pouvez ensuite retourner à vos affaires.

Quand j'ai demandé à un père hautement qualifié (un avocat, comme vous allez le voir) à quoi un enfant était capable de jouer sans l'intervention de personne, il m'a répondu : « Dommages matériels, opérations de sabotage, simulations de suicide, attaque à main armée de l'écuelle du chat, crises de fou rire cyclothymiques indésirables. » Quand j'ai demandé à une mère encore plus qualifiée, elle m'a simplement répondu : « Se masturber. » Dieu du ciel !

Avant de quitter la question des jouets, j'aimerais dire que s'il y a une chose dont on ne peut se passer avec un enfant de deux ans, c'est d'un tricycle ou d'un véhicule sur lequel il peut s'asseoir et qu'il fait avancer en poussant avec les pieds. C'est irremplaçable. Tous les enfants que je connais ont passé de longues heures sur leurs tricycles. Ils partaient faire le tour du monde, allaient « acheter des stibules » ou restaient simplement assis dessus à rêvasser.

Le contrôle du nombre de jouets

À mesure que le temps passe, et quelles que soient les résolutions que vous ayez prises, votre maison risque de se retrouver submergée sous des monceaux de plastique bariolé. Voici quelques solutions simples pour éviter le problème.

• Faites le ménage une fois par mois et mettez au rancart les jouets tombés en disgrâce.

• Des filets multicolores « que l'on suspend, comme des panses de brebis farcies, derrière chaque porte ».

• Des corbeilles à papier disposées dans les points stratégiques de la maison. « Ça n'a l'air de rien, déclare un utilisateur, mais c'est extrêmement pratique. »

• « N'y allez pas par quatre chemins, décrètent allégrement plusieurs mères, mettez à la poubelle tous les jouets incomplets ou cassés. » C'est facile à dire. Imaginez que la jambe de la poupée soit la fameuse stibule. Est-ce qu'il nous le pardonnera un jour ?

• Décidez que dans chaque pièce, y compris la cuisine, la dernière étagère d'un placard servira de fourre-tout. À la fin de la journée, mettez-y tout ce qui traîne, fermez la porte, et vous voilà à nouveau en possession d'une maison d'adultes. Au fond du fourre-tout, vous retrouverez votre appareil photo, votre carte American Express, votre poudrier et les lunettes que vous cherchiez depuis un mois.

• Les tricycles et autres engins à roulettes prennent énormément de place. Je connais une famille qui a mis au point un système de poulies qui, le soir, permet de hisser ces véhicules encombrants au plafond. Tout le monde dîne avec trois tricycles et un autobus qui se balancent dangereusement au-dessus de la tête. Mais au moins, personne ne se prend pas les pieds dedans.

Les vêtements

Les goûts varient d'une mère à l'autre. La seule précaution sainement égoïste que je recommanderais aux mères qui ont des enfants de moins de trois ans, c'est de ne jamais les emmener faire de shopping. Munissez-vous d'un mètre. Les mètres ne s'ennuient pas, ils ne courent pas partout, ils ne font pas tout tomber, ils ne renversent pas les poussettes des autres, catapultant leur occupant furieux dans un panier de chaussettes en solde.

Vous n'avez peut-être pas pensé aux combinaisons en nylon ou en K-Way qui, sans être aussi raides que des imperméables, permettent aux tout-petits de se rouler dans l'herbe mouillée sans abîmer leurs vêtements. Il y a aussi les cagoules pour ceux qui enlèvent leurs bonnets l'hiver, et même les vêtements d'enfants plus grands. Ça peut faire très bien, « dans un genre différent ». Furieusement tendance...

L'apprentissage de la propreté

« Ne faites rien, conseille une mère avertie, c'est quand ils n'ont plus de couches et qu'ils demandent à faire caca toutes les cinq minutes dans les magasins qu'on se rend compte à quel point les couches étaient utiles. » Il y a du vrai là-dedans. Le bébé qui n'est encore qu'à moitié propre est un enquiquineur de première, surtout quand vous n'êtes pas chez vous et que les tapis de vos amis sont visés. Il n'y a rien de plus désagréable que de passer son temps à demander « Tu ne veux pas aller faire pipi ? Tu es sûr ? Tu ne veux pas essayer ? », à l'exclusion de toute autre conversation. Il est encore pire de passer son temps à surveiller son gamin, guettant le moment où il commence à se tortiller, à se toucher le zizi ou à devenir écarlate. C'en est parfois à croire que ces pauvres petits ne font plus rien d'intéressant qui ne se passe au-dessous de la ceinture. Et pourtant, si vous relâchez votre surveillance, c'est la mare assurée.

Je suis un jour rentrée du jardin pour entendre mon mari me dire d'un air penaud : « Désolé, j'ai oublié de lui demander. On était en train de regarder le nid de rouges-gorges. » Même si tout était trempé, du pantalon aux chaussures, je ne pouvais pas leur en vouloir d'avoir préféré les oisillons.

Puisque cette intolérable incertitude a tendance à aller de pair avec un apprentissage précoce, des tas de gens prennent le parti de « ne rien faire », comme mon amie. Voici une autre manière de plaider pour un apprentissage tardif : « De toute façon, la plupart des enfants seront propres vers deux ans et demi. Si vous commencez à un an, vous aurez droit à un an et demi d'incertitude. Si vous commencez à deux ans, vous en aurez pour six mois. Si vous commencez à deux ans et demi, vous n'en aurez plus que pour une semaine. » Le fils aîné de cette femme a appris à deux ans et demi, en allant de Londres à Los Angeles. Coincé dans un avion à trois mille mètres d'altitude pendant douze heures, il n'y a pas grand-chose d'autre à faire que d'aller aux toilettes toutes les vingt minutes.

À deux ans et demi, la plupart des enfants auront compris de quoi il retourne. Ils auront même acquis une certaine maîtrise du phénomène. Il est possible cependant de freiner leur apprentissage si on n'y prête pas garde. Il suffit de leur mettre des couches ultra-absorbantes et très confortables. La couche moderne est si bien conçue, son système anti-fuites fonctionne si bien, qu'un petit pipi passe totalement inaperçu. Ce n'est que lorsque, prenant son courage à deux mains, on décide de supprimer les couches et d'en accepter les conséquences que les enfants – les garçons en tête – finissent par comprendre ce qui se passe à ce niveau-là.

Quoi qu'il en soit, il y a une pression considérable en faveur d'un apprentissage bien plus précoce. Il y a à peine dix ans, on mettait des nourrissons de quelques semaines sur le pot en espérant que le contact de la porcelaine stimulerait leurs intestins. Malgré tout ce que Freud a pu dire des traumatismes causés par un apprentissage trop précoce de la propreté, c'était une pratique très répandue. Je jubile à l'idée que Jill Freud, la femme du petit-fils du grand maître, ait mis tous ses enfants sur le pot « dès le troisième jour. Pas très freudien. J'ai coupé le cordon ombilical assez tôt ». Même si tous les spécialistes sont d'accord pour dire qu'il est inutile de mettre un enfant sur le pot avant douze, et même dix-huit mois, parce que à cet âge il n'a pas encore la maîtrise de ses sphincters, les vieilles croyances reviennent toujours nous hanter. Les grands-mères adorent militer en faveur du pot. « Mon Dieu, tu le laisses encore croupir dans ses selles à son âge... », « Mais bien sûr qu'on vous a tous mis sur le pot dès trois mois... », « Tu veux que Grand-mère t'offre un joli pot, mon chéri ? » Et puis il y a les amies qui ont des enfants déjà propres et qui s'acharnent à ridiculiser votre petit récidiviste aux fesses rembourrées en faisant parader leur progéniture aux hanches fines, comme si c'étaient des chevaux de course. Enfin, et c'est sans doute ce qui nous a décidés, même si notre fils n'avait l'air ni très motivé ni très intéressé, vous avez devant vous un enfant qui commence à s'exprimer avec aisance et à faire preuve d'une certaine intelligence. Il y a quelque chose d'indécent à ce qu'un adulte miniature vous rappelle avec beaucoup de raffinement, alors que vous vous préparez à partir en promenade : « Maman, n'oublie pas la pommade à l'oxyde de zinc au cas où je ferais un gros caca. » Suivi de « Je crois qu'il faut changer ma couche. On aurait dû me faire faire pipi, tu ne crois pas ? Où est-ce que tu as mis le matelas à langer ? » S'il maîtrise si bien le sujet, il est sûrement capable de... Eh bien, non, il n'en est pas encore capable.

Car ce n'est pas toujours facile de leur faire comprendre. Il y a des enfants qui détestent aller sur le pot. Ils s'y sentent mal, ils ont froid. Il y en a d'autres qui utilisent presque directement les cabinets, soit en s'asseyant sur un petit siège, soit en vous demandant de les tenir. D'autres, les garçons en particulier, font leur première expérience à l'air libre, derrière une haie.

Voici quelques règles essentielles que j'ai glanées ici ou là, ou que j'ai pu observer moi-même.

• Commencez en été. Tant pis si votre enfant est trop jeune ou trop vieux. Rien ne marche mieux que de laisser un enfant traîner tout nu dans le jardin et faire de petites flaques, jusqu'à ce que le déclic se fasse.

• Les culottes spéciales (des culottes en éponge avec une coque en plastique) sont en théorie une idée remarquable. Mais si votre enfant ne les supporte pas, vous risquez de le dégoûter à jamais. C'est vrai qu'elles tiennent chaud, qu'elles sont plutôt rigides et que l'ouverture des jambes est souvent trop étroite.

• La méthode de « la poupée qui fait pipi » marche assez bien, surtout pour les petites filles qui ont du mal à voir ce qui se passe.

• Une fois qu'ils ont compris, quelques petits encouragements ne peuvent pas leur faire de mal. Ce n'est pas avec un smartie qu'ils vont avoir des caries (et si à cet âge vous leur permettez plus d'un smartie à la fois, c'est que vous n'êtes pas bien maligne). Et de fait, une femme à qui j'ai demandé comment elle avait fait m'a répondu d'un air dégagé : « Je les ai envoyés chez ma mère pendant une semaine. Elle les a eus à coups de bonbons. »

• N'imaginez pas que votre bébé saura automatiquement maîtriser ses intestins avant sa vessie. C'est ce que tous les manuels prétendent, mais pour certains bébés le fait de faire caca dans un pot ne vient que bien plus tard. C'est bizarre, mais c'est comme ça.

• Ne vous mettez jamais en colère pour une culotte mouillée. C'est totalement improductif.

• « pas constamment un sujet de conversation aussi peu passionnant à vos amis qui n'ont pas d'enfants », déclare une mère avec sympathie. Jamais je ne me serais imaginé faire une chose pareille, mais au bout de quinze jours j'en parlais à tout le monde. Remarquez que si vos amis sont du genre à vous raser avec leurs problèmes sexuels, je ne vois pas pourquoi vous ne vous vengeriez pas. L'apprentissage de la propreté est une chose très intéressante. « Savez-vous que mes enfants... » « Non, ce n'est pas vrai, les vôtres aussi ? Sur le canapé ? »

• Ignorez les grands-mères (sauf si elles se proposent de prendre votre enfant en pension pendant une semaine et de lui faire le coup des bonbons).

En voyage

Une entreprise pleine d'initiative a récemment sorti une nouvelle trouvaille : un pot gonflable, le compagnon de voyage idéal pour tous les parents qui apprennent à leurs enfants à être propres. Quelle idée brillante ! Quelle considération pour les usagers ! Mais certaines questions demeurent sans réponse. Combien de temps faut-il pour le gonfler en cas d'urgence ? Et puis, qui voudrait le porter à ses lèvres une fois qu'il a servi ? Retournez au boulot, messieurs les dessinateurs. Cela dit, il reste un problème à résoudre. Que fait-on quand on est dans la rue avec un bébé qui n'est encore qu'à moitié propre ? Ou avec un bébé qui est propre depuis peu et qui a une petite vessie ?

En faisant un sondage, j'ai découvert qu'un grand nombre de gens étaient partisans d'utiliser le caniveau.

« Que ceux à qui ça ne plaît pas aillent se faire voir. De toute façon, ce sont en général des gens qui promènent leur berger allemand. C'est un peu l'hôpital qui se moque de la charité. » Un groupe de militants encore plus féroces fait remarquer que « tous les magasins sont équipés de toilettes pour le personnel. Si les vendeurs refusent de coopérer, apprenez à votre enfant à crier en plein milieu du magasin "Maman, je sens venir un gros caca !". Ça les fera sans doute changer d'avis ». Une petite minorité de parents (qui n'ont que des garçons) déclare tranquillement : « Emportez simplement un vieux pot de crème, et videz-le discrètement dans le caniveau une fois qu'il a servi. »

En voiture, vous pouvez avoir la paix en mettant sur le siège deux couches jetables très absorbantes recouvertes d'un lange en éponge. Une amie extrêmement organisée va même plus loin. Elle bourre une housse en éponge de couches qu'elle emporte partout avec elle. Elle présente ça comme « le coussin spécial » du bébé. Elle a eu un petit problème de sevrage une fois que son enfant est devenu parfaitement propre. Mais c'est une idée à retenir.

Crises de larmes et crises de colère

Plus un enfant devient dégourdi et bavard, plus ses crises de colère deviennent insupportables. C'est « la déraison vêtue d'un habit de raison ». Mon fils est un jour resté planté au bord de la piscine, refusant de s'enlever de la seule serviette sèche, pendant que la nounou et moi claquions des dents en lui demandant poliment de se pousser. « Ne forcez jamais un enfant si vous pouvez éviter de le faire. Respectez sa dignité et son autonomie. » Ah, les bons vieux idéaux... Furieux, le visage écarlate, le petit monstre se cramponnait à la serviette en tapant du pied et en hurlant : « VIRIGINIE N'AURA

PAS DE SERVIETTE ! VIGINIE SERA MOUILLÉE ! » (Et c'était le cas. Elle *était* mouillée.) Ensuite, il a essayé de piétiner la tête de sa sœur. Puis il s'est mis à pleurer et à se rouler par terre comme si on venait de le battre.

Toute crise de larmes ou de hurlements pour laquelle vous ne trouvez pas d'explication logique est une colère. Personne n'accuse un enfant de « faire une colère » quand il pousse des glapissements de peur devant un chien qui l'attaque, quand il se fait mal en tombant, ou quand il est furieux de se retrouver coincé sous un meuble. Le problème de ce stade infantile délirant, digne d'une prima donna ou d'un Gainsbourg éthylique, c'est que les enfants vivent le moindre échec comme s'ils étaient à la fois poursuivis par une meute de loups et enchaînés dans une cave.

Il y a deux écoles à propos de ces crises. La première, avec Penelope Leach à sa tête, conseille de s'agenouiller près de l'enfant et de le prendre dans ses bras en attendant qu'il se calme. La seconde, dirigée par un pédiatre australien connu pour ses méthodes expéditives, préconise de l'enfermer dans sa chambre jusqu'à ce qu'il soit calmé.

La première méthode repose sur le fait qu'un enfant peut avoir peur de l'intensité de sa propre colère, et que dans un moment comme celui-là il a par-dessus tout besoin d'amour. La seconde méthode repose sur le fait tout aussi défendable que, dans pareille situation, les parents deviennent tendus et irritables, et qu'ils ont eux aussi besoin de calme. De plus, il est vrai que, dans le cas d'un enfant plus grand, le fait de ne pas avoir d'auditoire désamorce les choses. Le pire qui puisse arriver, c'est une pièce remplie de gens compatissants qui proposent des bonbons ou des dérivatifs, ou qui distribuent des avertissements et des menaces dans la plus grande cacophonie.

Mais, si j'étais vous, je ne prendrais aucune de ces méthodes au pied de la lettre. C'est la même chose que

lorsqu'on laisse son enfant à une nourrice. Il est bon de connaître ses réactions et de se mettre à sa place autant que faire se peut. Évitez la crise si vous le pouvez. Soyez attentive aux signes avant-coureurs (petite voix geignarde qui monte d'un ton) et faites une blague pour désamorcer les choses. Les mots suivants, prononcés d'une voix forte et décidée, ont jusqu'à présent réussi à transformer les colères naissantes en fous rires.

« Ah, mais quel ENQUIQUINEUR, celui-là ! »

« Tais-toi, espèce de DIPLODOCUS ! »

« Va donc, petite PPPPESTE ! »

« C'est qui le RAPPORTEUR À PAPA ici ? »

« Espèce de BACHIBOUZOUQUE ! »

Ça vous laissera peut-être le temps de créer une diversion. Il y a des enfants que l'on arrive à faire taire avec un « Ça suffit ! » lancé d'un ton ferme, mais, en général, pas avant qu'ils soient assez grands (trois ans) pour savoir précisément ce qu'ils font. Les enfants plus petits sont des êtres purement émotifs. Ils ont besoin qu'on les fasse rire ou qu'on leur permette de penser à autre chose. Je suis obligée de reconnaître que même le recours à la force physique est de quelque efficacité. Pas les coups (ça ne donne rien), mais simplement le fait de les soulever de terre et de les faire tourbillonner en les chatouillant jusqu'à ce qu'ils n'en puissent plus. Tout ça rend caduques mes théories fétiches selon lesquelles

« un enfant est capable d'entendre raison » et qu'il « faut toujours respecter sa dignité ». Mais grâce à ce subterfuge utilisé à petites doses, les colères naissantes disparaissent comme par enchantement.

Voici également un stratagème qui nous a rendu de fiers services pendant la période la plus critique. Il s'agissait d'amener l'enfant à reporter sa colère sur l'un de ses jouets. À la maison, nous avons un lapin en chiffon avec des bras et des jambes très longs et des moustaches de travers qui faisait parfaitement l'affaire. J'agitais ses bras et ses jambes dans tous les sens en criant : « J'en veux pas, pas beau, veux pas, waaaaaah ! » Nicolas était ravi. Il avait la preuve que d'autres personnes souffraient des mêmes crises que lui, et il a rapidement appris à gronder son lapin : « Lapin, tiens-toi tranquille. » Par la suite, chaque fois qu'on entendait des gémissements ou des cris, on regardait autour de nous d'un air inquiet, prétendant qu'il s'agissait du lapin. Une fois sur deux, Nicolas tombait dans le panneau, et partait gaiement lui passer un savon.

Si la colère commence à se développer, voici quelques solutions auxquelles mes amies mères ont eu recours. Encore une fois, certaines se contredisent, mais elles ont toutes été testées. Au moment adéquat, avec l'enfant adéquat, elles ramèneront le calme.

- « Faites comme si de rien n'était. »
- « Imitez-les, faites-les rire. »
- « Mettez-les au lit avant même qu'ils aient eu le temps de dire ouf. Pas d'auditoire, pas de colère. »
- « Asseyez-vous à leur hauteur et regardez-les les yeux dans les yeux. C'est ce qui marche le mieux. »
- « Quittez la maison sans plus tarder. "Allez, viens, on va voir les canards." »
- « Nous avons une grande boîte remplie de boutons de toutes les couleurs. Nous les sortons de la boîte un par un, jusqu'à ce que l'enfant s'y intéresse et vienne jouer. »

• « Soyez calme et compréhensif, mais ne cédez pas. Le fait de parler d'un ton calme, comme si les braillements n'existaient pas, donne d'assez bons résultats. »

• « Emmenez-les dans les vestiaires sans discuter (le conseil d'un instituteur), et ouvrez les robinets des lavabos. L'eau qui coule fait concurrence aux larmes et aux cris. »

• « Faites quelque chose d'inattendu. Mettez-vous un coussin sur la tête. Poussez des petits cris de souris. »

• « Mettez-vous à crier vous aussi (le conseil d'un père), chargez votre enfant sur l'épaule et commencez à courir. Il y a des enfants qui s'arrêtent de se débattre dès qu'on les porte. C'est un réflexe primaire. »

• « Partez d'un gros rire gras. » Méfiez-vous, ça vexe mortellement les enfants plus grands.

• « Allez-vous-en d'un pas décidé. »

• « Asseyez-vous à côté d'eux avec un biberon et un biscuit au chocolat. Ne les leur proposez pas, ils vous répondront par des hurlements de rage. Mais au bout de cinq ou dix minutes vous verrez votre enfant avancer timidement la main et attraper un biscuit en reniflant. »

• « Courez et sautez dans tous les sens en chantant à tue-tête. Ça les surprend tellement qu'ils oublient. »

• Dites-lui quelque chose comme : « Tiens, je vois un nouveau hurlement qui se prépare. Il est là sur ton front... Allons vite regarder dans la glace pour voir à quoi il ressemble. Oh, zut, on dirait qu'il est parti. Tu ne veux pas en refaire un autre pour voir... »

• « Couchez-les par terre dans un endroit où ils ne peuvent pas se faire de mal, et attendez à proximité. Dès qu'ils ont cessé de hurler, approchez-vous et dites-leur que vous les aimez. »

• « Faites-les sortir de la pièce en leur disant qu'ils auront le droit de revenir quand ils seront calmés. Ça s'applique uniquement aux enfants plus grands, et seulement à condition de pouvoir contrôler ce qu'ils font à côté. »

• « Ne cédez sous aucun prétexte. S'il ne veut rien entendre, tenez bon et mettez-le hors de vue jusqu'à ce qu'il s'arrête de pleurer. »

• « Asseyez-vous par terre, serrez-la dans vos bras et soufflez-lui doucement dans l'oreille. » J'ai essayé. Je peux vous montrer les marques de dents si vous voulez. Je vous souhaite bien du plaisir !

Il y a une chose qui m'aide à garder mon calme, c'est une remarque que m'a faite un ami, il y a de ça des années, alors que ses cinq enfants étaient encore tout petits. « Imagine le courage qu'ils ont, m'avait-il dit d'un ton admiratif, nous sommes dix fois plus grands et plus forts qu'eux, et pourtant ils nous regardent sans broncher. » Si vous arrivez à vous figurer l'espace d'un instant que vous êtes Goliath, et que le petit bout de chou qui vous regarde d'un air de défi, les traits noués, n'est autre que David, vous trouverez peut-être la patience et l'amour nécessaires pour ne pas lui flanquer une fessée.

Mais l'essentiel, c'est de se rappeler qu'un enfant de deux ans n'est pas un adulte. Une fois la crise passée, il ne vous en voudra pas, et il ne s'en voudra pas non plus. Très vite, il aura oublié. Il faut que vous appreniez à oublier aussi, et à faire comme si rien ne s'était passé. Un jour, en le mettant au lit, vous vous rendrez compte qu'en fait ce n'était pas bien grave.

Le coucher

Avec un peu de chance, le rythme que vous aviez instauré avec votre bon gros bébé poursuivra tranquillement son cours. Au fur et à mesure, les rituels se feront de plus en plus élaborés jusqu'à devenir de véritables récompenses. À la maison, nous allumons des bougies exprès pour que notre fils puisse les souffler, ou du moins pour qu'il essaie. Il attend ce moment toute la soirée.

Renoncez absolument à l'idée qu'une fois couchés ils vont s'endormir aussitôt. Tant qu'ils sont dans leur chambre et qu'ils sont contents, ça les regarde de dormir ou pas. En ce moment même, mes deux enfants babillent gaiement et échangent des propos incohérents sur des chats et des parties de pique-nique. Et ça doit bien faire une heure qu'ils sont couchés. Je me dis que ça leur tient lieu de « détente », chose que recommandent tous les manuels, et à laquelle nous ne sommes jamais vraiment arrivés. Nos enfants préfèrent faire les zouaves pendant ce temps-là. Nous intervenons une dernière fois pour remettre les peluches en place pendant qu'ils se roulent par terre en riant comme des fous. Ensuite seulement, ils se détendent chacun de leur côté. Ce n'est peut-être pas très orthodoxe, mais ça n'en reste pas moins acceptable. Je connais une petite fille qui commence par s'endormir, se réveille une demi-heure plus tard, fait la java avec ses nounours pendant environ une heure, puis se rendort. Au début, ses parents pensaient qu'elle avait des « problèmes de sommeil », et ils passaient leurs soirées à cavaler dans les escaliers pour essayer de la « calmer ». Et puis un soir, son père a déclaré : « Tu sais, elle m'a l'air d'aller bien, elle ne pleure pas... » Et ils l'ont laissée tranquille. Elle a passé une heure à rire et à chanter, puis elle s'est endormie. Plus tard, ses parents sont venus la border, et elle a dormi d'une traite jusqu'au lendemain huit heures. C'est une habitude qu'elle a conservée.

Si votre enfant sait sortir de son lit ou s'il dort déjà dans un grand lit, le problème des javas nocturnes se complique. Une mère dotée d'une vraie petite vadrouilleuse, qui n'avait pas la moindre intention de passer ses soirées à bercer une petite fille parfaitement heureuse, avait résolu le problème en s'assurant que la chambre ne risquait rien (les prises électriques étaient bloquées, les fenêtres barricadées, les jouets vérifiés, aucune corde ou sac en plastique ne traînait par terre...). Elle avait également accroché une grosse cloche à la porte de la chambre. Mis à part le fait d'avoir un jour retrouvé sa fille endormie *sous* son lit avec ses couvertures – elle avait dû oublier d'y remonter – tout se passait bien, sauf peut-être quelques bruits bizarres et des bribes de conversation dans l'interphone, mais rien de bien grave. Bien sûr, si vous avez un bébé qui dort dans la même chambre, il faut redoubler de vigilance avec les jouets et les meubles qui sont accessibles. Mais les bébés arrivent à dormir même dans le plus grand des remue-ménage, surtout quand il est causé par un frère ou une sœur.

Les activités de groupe

La prolifération des activités pour enfants fait partie des tendances de notre société actuelle, même chez les mères dont les enfants ne vont pas à la crèche. À tout moment, une de vos copines est susceptible d'emmener sa fille de deux ans à la chorale de l'école pendant qu'une autre fait cinquante kilomètres pour accompagner sa fille du même âge à un cours de violon méthode Suzuki, qu'une troisième assiste à un cours de danse classique et que le quatrième suit un cours de taï-chi (« c'est génial pour l'équilibre »). De quoi vous donnez l'impression d'être marginale, vous dont l'enfant tient des propos incohérents au chat sous la table de la cuisine ou s'amuse avec les bobines de fil de mamie. Difficile de considérer l'enfance comme une récréation lorsque même le gouvernement met en place des programmes destinés aux crèches et exige que les aides maternelles cochent une case chaque fois qu'un tout-petit a développé un savoir-faire.

Tout cela est bien démoralisant pour celles d'entre nous dont les enfants refusent catégoriquement de passer ne serait-ce que dix minutes dans un groupe quelconque. Ou dont les chers petits se font exclure au bout de deux séances en raison des coups et blessures qu'ils ont infligés à leurs pairs.

Vous êtes non seulement mortifiée parce que à trois ans votre enfant n'est pas capable de participer à des activités de groupe (la fameuse rivalité entre mères), mais vos propres convictions vous rendent mal à l'aise. J'étais à fond pour les activités de groupe, les cours de gym, de danse et de violon, sauf qu'un de mes enfants avait horreur de ça. Il refusait de participer. À la maison, il était ravi de danser, de jouer, de construire et de sauter, mais dès qu'il y avait d'autres enfants, il restait assis dans son coin sans bouger. Et il n'aurait pas été d'accord pour qu'un adulte lui impose ce qu'il devait faire ou qu'un autre gosse touche à sa pâte à modeler. Certains parents – des gens intelligents, gentils et cultivés – ne savent plus où se mettre parce que leurs enfants se transforment en véritables furies dès qu'ils sont en contact avec d'autres. Ils se mettent à taper, à pousser, à mordre, à arracher les jouets des mains des autres, comme s'ils avaient été élevés dans le caniveau et réduits à se battre pour manger.

Si vous êtes dans ce cas, la seule chose à faire, c'est de prendre du recul, de refuser la rivalité entre mères et de remettre en question le bien-fondé des ateliers, des crèches et des activités préscolaires en général. C'est une tendance assez récente. On peut se défendre en disant qu'il est naturel pour un enfant de moins de cinq ans de s'épanouir au milieu de sa famille, entouré de ses parents et de ses frères et sœurs, de connaître quelques voisins et d'avoir un ou deux amis. On s'aperçoit en regardant certains enfants qu'ils sont bien plus heureux dans la cellule sociale, entourés d'enfants plus jeunes et plus vieux, que dans un groupe d'enfants de leur âge. En réfléchissant bien, il n'y a aucune raison pour qu'un enfant de trois ans (et encore moins de deux ans) ait envie de côtoyer des enfants de son âge. Certains enfants considèrent leurs congénères avec horreur et ont une réaction du type : « Comment ça, je ne suis pas le seul ? » ; ils ont peur et se sentent menacés. D'où peut-être une certaine violence et le besoin de s'accrocher à vous. Si votre enfant n'aime pas les activités de groupe, c'est peut-être dans le groupe que ça cloche, pas chez lui. Certains éducateurs vont même jusqu'à dire que les enfants apprennent plus en restant toute la journée à la maison avec leur mère. On assiste parfois à des scènes très tristes dans les meilleures crèches privées. Il ne s'agit ni de cruauté ni de négligence, mais simplement la vision d'un enfant qui est silencieux dans un coin et auquel personne ne prête attention parce qu'il est « sage comme une image ». Sage comme une image peut-être, mais mort d'ennui et n'apprenant strictement rien. À moins d'être aux abois, n'imposez pas la vie de groupe à un enfant qui n'est pas prêt. Un enfant qui veut rester avec sa mère doit être écouté.

Les mères ne voient sans doute pas les choses d'un si bon œil ! Mis à part tout ce que leur enfant est censé y apprendre, les activités de groupe permettent aussi aux mères de prendre leurs premiers jours de détente après trois longues années. Il est donc indispensable de trouver des solutions de rechange. Certaines familles se groupent à deux ou trois pour engager une bonne baby-sitter, à raison de quelques matinées par semaine, chargée de diriger une sorte de mini-atelier pour un petit groupe d'enfants qui se connaissent entre eux. Avec de la colle, de la peinture et de la pâte à modeler, et au moins une maman qui passe de temps en temps voir comment ça va, on peut y faire, à plus petite échelle, les mêmes choses que dans un atelier de jeu. Si vous êtes seule ou fauchée, organisez des échanges avec d'autres familles une ou deux matinées par semaine, même si les autres enfants sont plus vieux que le vôtre. Pour votre bien-être et celui de votre enfant, faites tout pour combler le vide qui sépare une vie centrée uniquement sur le bébé de la vie sociale des adultes.

Les parents qui n'ont pas ce genre de problèmes avec les activités de groupe recommandent cependant de prendre quelques précautions avant de leur faire faire le grand saut.

• Commencez par apprendre à vos enfants toutes les chansons de l'atelier. Demandez au responsable de vous donner les paroles.

• Assistez aux activités qu'ils vont être amenés à pratiquer, et faites-les-leur répéter à la maison.

• Donnez-leur une gourde et un gobelet dans lequel ils ont l'habitude de boire pour le goûter.

• Ne soyez jamais en retard, pas même d'une minute, quand vous allez chercher votre enfant les deux ou trois premières fois.

• Apprenez-leur des mots simples et universellement employés pour désigner le pot et les toilettes. N'hésitez pas à apporter leur pot même si l'atelier en fournit, écrivez leur nom dessus et signalez-le au responsable. Même si c'est un peu humiliant pour eux de voir des enfants de leur âge aller avec assurance dans des toilettes qu'ils ne connaissent pas, mieux vaut ça que de mettre en péril une indépendance nouvellement acquise (et votre première matinée de liberté), simplement parce qu'ils ne peuvent pas poser leur petit derrière sur leur siège, en cas de besoin.

Le besoin de s'accrocher

C'est un problème qui s'apparente au précédent, à cela près qu'il se pose aussi à la maison. Il y a, là encore, deux tendances. Ceux qui disent « Laissez-les pleurer. Ils se rendront compte que vous ne partez jamais bien longtemps » et ceux qui disent « Emmenez-les avec vous, même aux toilettes. Ça les met en confiance ». L'insistance que mettent certains enfants à poursuivre leur

Les crampons.

mère jusque dans les toilettes est une chose que l'on retrouve souvent dans les confidences des mères. C'est en quelque sorte devenu le symbole du pouvoir qu'ont les enfants sur leur mère. « Il m'a fallu dix ans pour pouvoir faire pipi tranquille ! », déclare une femme d'un ton tragique. D'autres avouent que leurs enfants étaient perchés sur leurs genoux pendant des mois. Une mère assez vieux jeu, dont les enfants sont maintenant des adultes très bien élevés, nous a raconté l'histoire suivante : « Quand je voyais leurs menottes se glisser sous la porte des toilettes, je n'avais qu'une envie, c'était de les *écrabouiller* ! » Comme quoi il arrive qu'on se sente à bout.

Il est délicat de savoir quels conseils suivre. Faites les deux. Emmenez-les souvent avec vous, mais laissez-les de temps en temps, en leur répétant comme une litanie « Maman revient ». Demandez à la personne qui reste avec eux dans la pièce de le leur dire également. Sautez-leur dessus à la moindre occasion. Couvrez-les de bisous dont ils n'ont pas envie. Faites-leur de grandes déclarations d'amour. Une mère ne répétera jamais assez à un enfant de cet âge qu'elle l'aime. Car souvenez-vous que, comme me l'a dit cette mère, « le besoin de s'accrocher est une preuve d'amour. Ils vous disent qu'ils vous aiment de toutes leurs forces ». Même l'amour importun mérite d'être respecté.

Vous pouvez bien sûr toujours adopter la méthode Purves. Il s'agit de chanter d'une voix forte depuis la cave ou les toilettes, pour qu'ils vous entendent et qu'ils sachent que vous êtes là, tout près. Essayez *Il était un petit navire* ou *La Marseillaise*. Ça marche très bien.

9

La deuxième fournée : les frères et sœurs

Une année, nous avons passé les fêtes de Noël avec des amis qui en étaient au même stade que nous de la production d'enfants. Un bon nombre de ventres rebondis circulait dans la pièce, de jeunes enfants se traînaient par terre, escaladaient les chaises, piquaient des cacahouètes et tiraient furieusement sur les pantalons et les jupes de parents qui n'étaient pas les leurs en réclamant leur pot. Profitant de quelques minutes de répit pour me servir un verre et entamer une discussion avec un adulte, je me suis retrouvée dans un coin avec un jeune père, libéré comme moi de ses obligations parentales.

Nous appartenions tous à la même génération. Nous avions longuement discuté d'accouchement, comparé nos sages-femmes, échangé nos histoires de lavement, débattu des avantages de l'allaitement, assisté ensemble aux premiers pas et aux premières disputes de nos enfants respectifs. Nous avions tous traversé les mêmes épreuves.

J'étais cependant parmi les premières à avoir franchi l'étape suivante. À un bout de la pièce, mon fils plongeait gaiement la main dans une assiette de chips, pendant que de l'autre côté ma fille était juchée sur les genoux de sa grand-mère, dans un rare accès de béatitude. Le jeune père, jetant un coup d'œil à sa femme qui était enceinte jusqu'au cou, en profita pour me poser la seule question délicate qu'il pouvait me poser.

« Dis-moi, quel effet ça fait d'en avoir deux ? »

Je réfléchis un instant, me souvenant des levers aux aurores, des bains à deux temps, des problèmes de synchronisation des repas des uns et des autres, des guerres à mener et des nez à moucher. Je fis jouer avec précaution l'articulation de mon épaule, ankylosée d'avoir porté deux marmots à la fois, et regardai le visage de ce père encore insouciant avant de lui déclarer : « Je crois qu'il vaut mieux que tu ne saches rien. » Et nous en sommes restés là. De toute façon, il n'allait pas tarder à découvrir de quoi retournait.

Les parents qui ont deux enfants ou plus ont une chose en commun : ils sont exaspérés par les plaintes et les inquiétudes de ceux qui n'en ont qu'un. C'est comparable au mépris que ressent une jeune accouchée devant l'idéalisme à tout crin d'une amie qui attend son premier bébé.

Depuis que j'ai deux enfants, je remarque de temps en temps ce même mépris chez des amis qui ont trois ou quatre enfants. Je suis sûre que les mères de douze enfants nous prennent toutes pour des mauviettes qui ne connaissent rien à la vie.

Inutile de se leurrer, l'arrivée d'un deuxième enfant chamboule tout, et cela au moment précis où vous étiez parvenue à trouver un certain équilibre. Quand vous étiez en train de vous dire que vous pouviez sans risque vous remettre à l'eau...

En supposant que vous ayez choisi un écart de un à trois ans entre vos deux enfants (la solution la plus répandue), voici ce qui se produit. Vous avez un enfant qui sait se tenir sur ses jambes, qui part en promenade avec vous, qui vous pose des questions attendrissantes sur les canards, qui est d'accord pour se mettre sur son pot et qui vous invite à des pique-niques imaginaires. Et puis tout à coup, tout bascule, et vous voilà à nouveau confrontée au problème des couches et des demandes imprévisibles. À peine vous êtes-vous habituée à faire des transactions (« Cinq petites minutes, le temps que je finisse ce que je suis en train de faire, et puis on ira au bassin faire marcher ton bateau. ») que vous vous retrouvez face à un minuscule ayatollah totalement intransigeant qui réclame à manger MAINTENANT ! TOUT DE SUITE ! avant même que vous ayez eu le temps de dégrafer votre corsage, sans parler de finir le bonhomme en pâte à modeler que vous étiez en train de faire avec l'aîné.

À peine les parents ont-ils trouvé un rythme qui permette à l'un d'avoir un peu de liberté pendant que l'autre emmène l'enfant faire une passionnante promenade qu'ils sont tous les deux réquisitionnés, pour que l'un d'entre eux ne s'effondre pas d'épuisement et que l'enfant puisse continuer ses passionnantes promenades. Si vous avez partagé votre vie entre votre enfant, votre travail et votre vie de couple, vous allez probablement devoir la partager en quatre : premier enfant, deuxième enfant, travail, et si vous avez le temps, vie de couple.

Vous changerez sans doute aussi de style. Si vous n'avez encore jamais donné de fessée, attendez le jour où votre garnement se jettera sur le bébé, et vous verrez votre main se lever toute seule. Si vous n'avez jamais acheté votre enfant avec des bonbons, attendez le jour où vous ne pourrez donner le sein qu'en bourrant le grand frère de smarties. Si vous avez jusque-là méprisé les méthodes que j'ai égoïstement suggérées pour avoir quelques minutes de paix, vous vous en souviendrez comme autant de manières de consacrer du temps au bébé. Vous finirez sûrement par chanter l'Ave Maria en faisant des bulles de savon, pendant qu'en douce vous donnerez de la Blédine au bébé. Car vous savez fort bien que si vous arrêtez de distraire l'aîné, il fera des cochon-

neries avec le reste de la bouillie pendant que vous tenterez de faire ouvrir la bouche au bébé.

S'il y a peu d'écart entre vos deux enfants, il y a des chances pour que l'aîné ne soit même pas jaloux. Tout est si nouveau pour un enfant d'un an, qu'un nouveau-né n'est qu'une nouvelle source d'émerveillement. Mais, d'un autre côté, il vous faudra jongler avec deux tailles de couches pendant des mois, et vous serez physiquement à bout. (Les médecins râlent quand les femmes n'espacent pas suffisamment leur grossesse.) S'il y a plus d'écart entre vos deux enfants – disons deux ans et demi – vous serez sans doute plus en forme, l'aîné sera sans doute plus autonome, mais il sera aussi à l'âge où les crises atteignent leur paroxysme, perspective peu réjouissante pour qui vient d'accoucher. Si vous attendez que votre enfant ait plus de trois ans, il sera sans doute plus autonome et commencera même à pouvoir vous aider. Mais c'est beaucoup d'avoir été le seul centre d'intérêt et la seule source de joie de ses parents pendant trois ans. Ça risque d'être difficile, c'est le moins qu'on puisse dire, d'accepter la présence d'un rival fripé et fort ennuyeux.

Autant se dire tout de suite qu'il n'y a pas d'écart idéal, et cesser de se tourmenter.

Il y a une différence de vingt mois entre mes deux enfants. Ce sera peut-être une très bonne chose, mais ce sera peut-être horrible. Au bout d'un an, il leur arrive de jouer ensemble. J'espère que ce sera de plus en plus fréquent. Mais pendant toute une année, leur chambre était remplie de couches de tailles différentes. Matin, midi et soir, c'était un véritable défilé de derrières crottés. Et pendant dix mois, il n'était pas rare de devoir porter les deux enfants parce que l'aîné faisait une crise de régression.

Cela dit, ses crises de régression n'étaient rien comparées aux miennes. C'est un traumatisme immense pour une mère que d'entrer à la maternité un beau jour en considérant l'aîné comme le « bébé », et d'en ressortir quelques jours plus tard avec un nouveau tenant du titre. J'ai fait des cauchemars affreux après l'accouchement. Je rêvais qu'on m'enlevait mon premier bébé pour le remplacer par cette version insipide qu'était le second. Et quand je me réveillais, le premier bébé était bel et bien toujours là, mais il avait des pieds immenses, chaussés d'énormes godillots qui recouvraient les minuscules orteils que j'avais autrefois comptés. Pendant des semaines, je ne pouvais pas regarder ses pieds sans éclater en sanglots et même la vue d'une chaussure égarée sur le palier me faisait fondre en larmes. Je rougis de honte rien que de penser à cette période et j'en parle avec quelque réticence, comme simple témoignage de ce que l'arrivée d'un deuxième enfant peut bouleverser toutes sortes de choses. Les mères ont facilement tendance à infantiliser leurs enfants et le traumatisme d'un nouvel enfant peut vous faire clairement comprendre que les enfants grandissent et qu'un jour ils quitteront la maison en emportant dans leurs valises des chaussures pointure 44.

Le fait de pleurer sur des chaussures est cependant un luxe. Ça se dissipe vite, à mesure que se font sentir les dures réalités de la vie avec plusieurs enfants (par opposition à la vie avec un seul enfant choyé). À commencer par les simples problèmes de logistique.

Les rythmes et les horaires

Le rythme régulier et confortable qui convient à un enfant de deux ans s'adapte assez mal à la vie de bohème que mène un nourrisson nourri à la demande. Pendant les premiers mois, ce sera la plus franche pagaille. La seule chose utile (mis à part le fait de se faire aider, ce qui n'est pas toujours possible), c'est de mettre le bébé bien au centre – dans un couffin au milieu de la cuisine, ou dans une poussette facilement accessible – de manière à pouvoir s'occuper de lui sans être constamment obligée d'interrompre ses activités et celles des autres. Avec un aîné qui est encore trop petit pour rester seul ne serait-ce que cinq minutes, rien n'est plus frustrant que de devoir se demander s'il vaut mieux foncer dans la chambre du bébé pour changer sa couche, ou convaincre l'aîné de vous accompagner.

On conseille fréquemment aux parents qui ont des enfants jaloux de planifier les tétées ou les crises d'idolâtrie quand l'aîné fait sa sieste, ou qu'il est parti jouer chez le voisin. C'est un sage conseil du point de vue des enfants, mais qui laisse complètement de côté les besoins de la mère. Si les demandes des deux enfants alternent de la sorte, quand trouvera-t-elle le temps de souffler, sans parler de manger ou de s'asseoir en paix ? Ce n'est pas trop grave si elle arrive à libérer ses soirées. Mais il est rare qu'un enfant de trois mois dorme le soir. Et une journée qui commence à six heures du matin et s'achève à onze heures du soir est tout simplement invivable. J'ai pour ma part commencé à revivre quand je suis arrivée à synchroniser les siestes des deux enfants. Avec une heure et demie de liberté, tout paraissait possible, même si je la passais à ranger le chaos semé dans la matinée.

Au bout de six mois, on peut arriver à un très bon rythme de croisière. Chez nous, le bébé dormait le matin, ce qui me laissait le temps de me consacrer à mon fils (comme le préconisent les manuels). À midi, on déjeunait tous ensemble (il fallait qu'il y ait un dessert particulièrement alléchant pour distraire l'aîné de la tétée). Puis, de une à trois, les enfants faisaient la sieste. Ensuite, à l'heure du bain, c'était à nouveau la pagaille, mais c'est une autre histoire.

Les moyens de transports

Si l'aîné n'est pas encore un marcheur émérite, les expéditions à pied s'avèrent souvent périlleuses et pénibles.

Voici les solutions les plus communément adoptées.

• Le porte-bébé et la poussette. C'est la solution la plus économique, mais qui demande d'avoir les reins solides. J'ai entendu dire ici et là que « l'aîné dans sa poussette a l'impression qu'on lui a usurpé sa place ». Il se peut que vous soyez obligée de porter l'aîné, la poussette, et les courses pour descendre un escalier roulant ou résoudre une crise. Pensez-y.

• Le landau équipé d'un siège. Je connais des tas de gens qui ont utilisé ce système en toute sérénité. Je crois que ça dépend du tempérament de l'occupant du siège. La seule fois où j'ai essayé, le bébé a fait un bond de dix centimètres parce que Nicolas était en train de tester les super-suspensions du landau. Une de mes amies s'en est servie pendant des mois, et elle m'a avoué que c'était une catastrophe : « Le nombre de fois où je suis ressortie d'un magasin pour découvrir trois enfants en train de brailler parce que le landau s'était renversé ! » Quant à utiliser un landau sans siège, voici ce que raconte une autre amie : « Mon mari (je l'avais pourtant mis en garde) a essayé d'installer notre fils à l'arrière du landau. Le bébé a fait un vol plané et a atterri sur la route. Vous voilà prévenus. »

• La poussette biplace. Si vous arrivez à en trouver une qui se met en position « coucher », vous pouvez vous en servir à partir de deux mois. C'est sans aucun doute la moins mauvaise des solutions. Mais choisissez avec soin. Certaines poussettes ont la taille d'une chaise roulante et passent les portes dans la plupart des magasins. Certaines autres ont dix bons centimètres de trop et restent coincées. D'autres encore sont si lourdes (à cause des montants fantaisie et de toutes sortes de système anti-chute, etc.) qu'il est pratiquement impossible de les soulever une fois pliées. C'est un calvaire de les manœuvrer sur les trottoirs et dans les escaliers (surtout quand on a un petit monstre à ses côtés). L'une d'elles, pourtant d'une excellente marque, « s'est cassée net, à force d'avoir été soulevée pour contourner les landaus, les badauds et les étalages de chaussures ». Toutes s'attirent les foudres des passants qui semblent les considérer comme des inventions diaboliques conçues uniquement pour leur cogner les chevilles. Sur des chemins cahoteux, elles ne vaudront jamais les poussettes une place. Mais elles sont conviviales. Les enfants semblent se faire la conversation assez précocement, et quand l'aîné a envie de marcher, vous pouvez toujours utiliser son siège pour y mettre vos courses.

• Les bretelles de sécurité. Même si vous êtes contre, il est bon d'en avoir une paire pour les situations critiques où il vous faut plier la poussette, porter le bébé et les courses, tout en faisant un grand sourire au chauffeur d'autobus qui s'impatiente.

Les transports en voiture

Autrefois, avant l'invention de la Sécurité routière, quand un véhicule qui dépassait les cent kilomètres à l'heure était soupçonné d'avoir un moteur trafiqué, on entassait les enfants à l'arrière et on leur filait des claques s'ils s'avisaient de tirer les cheveux du conducteur. C'est dans cet équipage que des familles de six passaient en trombe, au volant d'une 2 cv. Aujourd'hui, nous nous sentons coupables, voire carrément criminels lorsqu'un enfant ne voyage pas dans son siège-auto ou qu'il n'a pas attaché sa ceinture de sécurité.

L'arrivée d'un deuxième, puis d'un troisième enfant crée évidemment d'énormes problèmes. Vous ne pourrez sans doute pas installez deux sièges enfants et un Maxi-Cosi à l'arrière d'une petite voiture. De toute façon, à moins d'acheter un monospace, vous pouvez dire adieu au confort. Ne mettez jamais un Maxi-Cosi à l'avant, surtout si vous avez des airbags (c'est mortel). Préférez l'arrière, votre progéniture y sera plus en sécurité. Là au moins, l'aîné pourra sauter sur le bébé s'il est pris d'un accès de malveillance. Et, une fois que la préhension fera partie de ses compétences, le bébé pourra tirer les cheveux des plus grands. Comme le faisait remarquer une amie extrêmement prolifique, cette disposition mérite qu'on y réfléchisse à l'avance : « J'avais installé le siège du bébé au milieu, ce qui lui permettait de tirer les cheveux de ses deux frères en même temps. Ma conduite était ponctuée par les hurlements des victimes et les éclats de rire du bébé. »

La jalousie

Tous ces problèmes logistiques nécessitent de l'organisation, de l'ingéniosité et un peu d'argent, mais ils ne sont rien à côté de la grande menace qui pèse sur chaque famille du jour où le cercle brun annonciateur d'une deuxième grossesse fait son apparition dans l'éprouvette. Je veux parler de la jalousie. Comment le bébé n° 1 réagira-t-il à l'arrivée du bébé n° 2 ? Est-ce que sa vie sera gâchée ? Le bébé n° 2 sera-t-il persécuté par le bébé n° 1 ? Grandira-t-il dans l'ombre de son grand frère ? Seront-ils amis ?

D'horribles grands-mères tiennent des propos du genre : « Mon Dieu, mais tu vas te faire écraser le nez, ma pauvre choute. » Ou quelque chose d'équivalent : « Alors, on va bientôt avoir un petit camarade de jeu ? » Eh bien, les gens se trompent. Si l'aîné s'attend à pouvoir jouer avec son petit frère, il va devoir prendre son mal en patience. Vos amis ne se gênent pas non plus pour vous raconter de charmantes histoires de frères et sœurs qui ont griffé le nouveau-né, lui ont fait des bleus, et ont même essayé de l'étouffer.

Penelope Leach compare le traumatisme de l'enfant au choc que vous auriez en découvrant que votre mari a ramené sa maîtresse à la maison et voudrait que vous

soyez amies. Cette histoire me faisait grimper au mur jusqu'au jour où, la raison ayant repris le dessus, je me suis dit qu'un enfant n'avait rien à voir ni avec une maîtresse ni avec une femme mariée. La nature de la relation est différente. Elle est aussi forte, mais elle est différente. Un enfant est programmé pour savoir, dans son for intérieur, qu'un jour il faudra qu'il se débrouille sans vous. Ce n'est pas le cas d'une femme mariée, sauf peut-être dans *Desperate Housewives*.

Il y a des familles où le problème de la jalousie ne se pose même pas. Il y a des conflits, ça oui, quand par exemple le bébé s'empare des jouets de son grand frère, mais pas cette jalousie dévastatrice, dont on nous fait croire qu'elle est inévitable.

« On a tellement tout fait pour l'éviter, rapporte une mère, que maintenant, c'est le plus jeune qui est jaloux ! »

« Très franchement, nous n'avons eu aucun problème, rapporte une autre mère, notre fille a aimé son petit frère dès le départ. C'était un bébé calme, gentil, qui dormait beaucoup. Plus tard, il s'est mis à adorer sa sœur. En fait, c'est moi qui suis devenue jalouse ! »

Il est bon de prendre quelques précautions d'usage pour se protéger contre la menace de ce monstre aux yeux verts.

• Si vous dites à votre enfant qu'il y a un bébé dans votre ventre, faites-lui croire que c'est aussi le sien.

• Mettez un cadeau dans le berceau quand l'aîné vient faire sa première visite à l'hôpital, et écrivez : « De la part du bébé. »

• Faites participer l'aîné aux activités qui se rapportent au bébé. Écriez-vous « Oh, une couche, merci beaucoup ! » en enveloppant le malheureux bébé dans une couche cent fois trop grande pour lui, pour ne pas froisser les sentiments du généreux donateur. Pauvre Rose, il y avait des jours où c'est tout juste si elle y voyait quelque chose !

• Veillez à ce que les gens sans tact qui viennent vous rendre visite ne passent pas des heures à s'extasier devant le bébé en ignorant totalement l'aîné. Donnez des instructions précises aux oncles et aux marraines. S'ils tiennent absolument à apporter un hochet, qu'ils amènent aussi quelque chose pour *l'autre* enfant.

• Bichonnez votre aîné chéri, câlinez-le, admirez-le. Ne passez pas vos journées à regarder votre bébé dans le blanc des yeux.

Si vous suivez tous ces conseils, vous êtes sur la bonne voie.

Mais, quoi que vous fassiez, la jalousie reste une des réalités de la vie. Et à deux ans, un enfant est au milieu d'un incessant tourbillon d'émotions qu'il est incapable de contrôler. C'est vrai qu'on vient de le déposséder de son statut d'enfant unique. C'est vrai qu'il reçoit moins d'attention qu'auparavant, à un moment où justement il en demande davantage. Il est absolument inutile de nier le problème.

Jill Freud, qui a élevé cinq enfants, donne ce très bon conseil : « Je ne pense pas qu'on puisse empêcher un enfant d'être jaloux. S'il est jaloux, acceptez-le, voilà tout. Mais je n'hésiterais pas à lui faire clairement comprendre qu'il n'a pas le droit de s'en prendre au bébé pour autant. Je ne prendrais pas plus de pincettes pour le lui dire que si je devais l'empêcher de se jeter sous une voiture. Ça fait partie des réalités de la vie d'apprendre à bien se conduire en société. Mieux vaut qu'il le sache trop tôt que trop tard. Ça lui facilitera la vie à lui aussi. »

Cette attitude énergique a le mérite de ne pas s'embarrasser de ce qui rend si souvent les mères incapables d'agir, je veux parler de notre vieille amie la culpabilité. On arrive à se culpabiliser d'avoir eu un deuxième enfant et de « laisser tomber » l'aîné. Et ensuite, on se culpabilise de ne pas aimer suffisamment le second... C'est un engrenage dans lequel il vaut mieux éviter de se laisser prendre. Répétez-vous les paroles de Jill Freud comme une litanie : « Ça fait partie des réalités de la vie de bien se comporter en société. Mieux vaut qu'il le sache trop tôt que trop tard. » Évitez pendant quelque temps vos amis qui n'ont qu'un seul enfant, lequel est équilibré, affectueux et merveilleusement bien élevé. Préférez-leur les larmes et les haillons de vos comparses multipares.

Voici quelques trucs pour aider vos enfants à bien s'entendre dès la naissance. Ils marchent pour la plupart, à condition d'y croire dur comme fer.

• Ce qu'un nouveau-né sait le mieux faire, c'est regarder. Si vous faites remarquer à un enfant qui joue, « Tiens, le bébé te regarde », il sera content et flatté dans son exhibitionnisme. Un bébé perché sur une table de cuisine dans un baby-relax est hors d'atteinte, mais ça n'empêche pas qu'on puisse lui montrer des choses et s'exhiber devant lui. Il est arrivé que Nicolas se mette en colère quand Rose détournait les yeux. Pendant des mois, c'était son seul public et sa principale admiratrice.

• La deuxième chose qu'un nourrisson sait faire, c'est dormir. Autant que faire se peut, ignorez totalement un bébé qui dort.

• Référez-vous sans arrêt au bébé en disant « la sœur de Nicolas » ou « Arthur, le petit frère d'Isabelle », pour que Nicolas ou Isabelle soient toujours au centre de l'attention.

• Offrez un animal à l'aîné, un hamster, un poisson rouge, un lapin, pour le soustraire au babillage incessant qui règne dans la maison.

• « les dents, dit une mère de deux enfants, et cajolez l'enfant qui est jaloux jusqu'à ce que vous n'en puissiez plus, même si ça vous paraît complètement idiot. »

• Dites à l'aîné que le bébé l'aime. Mais ne lui demandez pas d'aimer le bébé. Ce genre de considération n'a pas de sens pour lui. En revanche, si le bébé lui fait un sourire, faites-le-lui remarquer.

• Dès que le bébé commence à toucher à tout, déclarez que c'est « un gros vilain ». La première fois que mon fils a fait un sourire qui venait du fond du cœur à sa sœur, c'est quand elle a renversé un verre de lait. « Rose a fait une *bêtise* », a-t-il dit d'un air ravi.

• Faites remarquer à l'aîné que quand le bébé sera grand il sera soumis aux mêmes règles que lui. Ça peut vous paraître évident, mais ça ne l'est pas forcément pour un enfant de deux ans. Ce n'est que le jour où mon fils m'a dit « Peut-être qu'un jour Rose va devenir un vrai bébé » que j'ai compris que je ne le lui avais jamais dit. À partir de ce moment-là, je n'ai pas cessé de lui répéter qu'un jour Rose aussi aurait deux ans et se ferait gronder parce qu'elle aurait fait des bêtises ou aurait été pénible.

• Surveillez vos invités. Il est impardonnable d'arriver chez des gens et de s'extasier devant un bébé, pendant qu'un gros balourd qui a le nez qui coule regarde la scène d'un air abattu. Certains parents arrivent à persuader l'aîné de « faire voir » le bébé. Mais les enfants vraiment jaloux ne se laissent pas prendre au piège. La seule chose à faire, c'est de vanter les prouesses de l'aîné devant votre invité, en lui arrachant le bébé des bras s'il le faut. Les nouveau-nés ne se vexent pas. Jouez là-dessus pendant qu'il est encore temps...

• Encouragez chaudement les moindres efforts que fait votre enfant pour jouer avec le bébé. Intervenez avec discrétion dans les jeux. Chez nous, on jouait à un jeu complètement crétin dans la baignoire. Rose attrapait une balle de ping-pong qui se trouvait sur le bateau de Nicolas, et je m'écriais : « Qui t'a dit que tu pouvais voler cet œuf ? » (Ça venait d'un livre que les enfants adoraient, où un renard vole des œufs.) Je rendais alors la balle de ping-pong à Nicolas, et le jeu recommençait. Si je n'avais pas été là, le jeu aurait immédiatement dégénéré. Mais grâce à mon intervention, ils étaient contents tous les deux.

• Interprétez délibérément de travers les intentions de l'enfant. « Ah, tu veux montrer ton marteau à Rose ? C'est gentil, elle va être contente. Bien sûr que tu peux lui faire des caresses. Sacrée Rose, elle n'est pas bien maligne, mais elle est quand même bien gentille, non ? Tu ferais mieux d'aller ranger ton marteau. Elle est encore un peu petite pour jouer avec... » Les spectateurs trouveront sans doute la scène comique : une mère qui repousse une attaque au marteau d'un ton enjoué, en faisant comme si celle-ci n'avait pas lieu. Mais ça donne des résultats étonnants. Les enfants aiment qu'on les voie sous leur meilleur jour.

• Dites à l'enfant que vous comprenez ce qu'il ressent. Une phrase comme « Quel casse-pieds, cette Rose, tu ne trouves pas ? » peut faire merveille.

• Laissez-les coucher dans la même chambre. Ils se réveillent le matin et, ne trouvant pas d'adultes à propos desquels rivaliser, ils se tiennent mutuellement compagnie. L'aîné a enfin trouvé un public devant qui exécuter son répertoire de bruits et de chansons.

Mais par-dessus tout il est nécessaire de *contrôler la violence*. Un enfant qui vient de faire pleurer son petit frère n'est pas fier, bien au contraire. Plus vous laissez la violence s'installer, plus la situation s'envenimera.

Voici quelques manières de procéder :

• Avoir une poupée sur laquelle l'enfant puisse taper. Je suis contre, mais des tas de gens ne jurent que par ça.

• Ne jamais laisser les enfants seuls, ne serait-ce qu'une minute, jusqu'à ce que vous ayez la certitude qu'ils ne risquent rien.

• Dites clairement à l'aîné que si le bébé s'approche de ses constructions avec la ferme intention de causer des dégâts (autant dire tout le temps), il n'a qu'à vous prévenir, et vous interviendrez. Si vous manquez à votre promesse, vous risquez de voir pleuvoir des coups sur la petite tête chauve de l'envahisseur en guise de représailles. Il est difficile de punir un enfant dont l'immense château de Lego vient d'être démoli.

• Décrétez que toute arme ou jouet utilisé contre le bébé (ou toute autre personne) sera immédiatement confisqué pour la journée. J'ai appliqué cette règle scrupuleusement depuis le jour où, dans un mouvement de colère, une clef à molette bien-aimée s'est abattue sur la tête du bébé. Les résultats sont concluants. La règle vaut aussi pour les coups semi-accidentels. L'idée, c'est qu'à mains nues les dégâts qu'un enfant peut causer sont limités. Je préfère ne pas imaginer ce qu'il ou elle pourrait faire avec une arme.

Et je dis « il » ou « elle » en connaissance de cause. C'est une grave erreur de croire que les filles sont dotées d'un instinct maternel inné qui les empêchera d'être violentes si on les met hors d'elles.

J'ai aussi confisqué (même si, d'un point de vue diplomatique, c'est plus délicat) les armes d'autres enfants. Bien évidemment, si dans un mouvement d'exubérance le bébé enfonce son hochet dans l'œil de quelqu'un, je le fais disparaître en faisant montre de la même sévérité.

• Enfin, quoi que vous fassiez, ne vous laissez pas emporter par l'émotion. L'intensité de votre instinct de protection (même si en secret vous préférez l'aîné) peut vous prendre par surprise. Si vous volez au secours de votre bébé comme une furie, vous ferez de la peine à tout le monde. Essayez de ne pas réagir comme une tigresse qui défend son petit. Adoptez plutôt l'attitude d'un policier en faction devant un stade de foot, qui s'ennuie un peu, mais a beaucoup d'expérience et au fond, est très gentil.

De plus, si vous vous dominez, votre intelligence peut continuer à fonctionner. Et comme me l'a enseigné une mère qui le tenait elle-même d'une fille au pair mexicaine très douce : « C'est toujours triste et inutile de devoir prendre un enfant de front. Une mère est plus forte et plus intelligente que son enfant. Elle doit pouvoir trouver une solution. » Il est de son devoir de le faire, surtout quand il s'agit de répondre à une demande qui, pour violente et biscornue qu'elle soit, n'en est pas moins une demande d'amour.

10

Les grandes occasions

Un jour, j'ai eu une illumination à bord d'une barque. Nous étions sept dans l'embarcation : un père qui ramait, deux mères portant chacune un bébé de huit semaines sur la poitrine, un petit garçon et une petite fille de vingt-deux mois, attachés par des bretelles aux poignets de leurs mamans respectives. Les brides étaient tendues à l'extrême, car les enfants étaient penchés d'un côté du bateau à la recherche de crabes. À l'autre bout, les mères étaient cramponnées aux bretelles pour éviter tout mouvement brusque qui risquerait de réveiller les nourrissons. Le père (le mari de mon amie) ramait obstinément dans l'eau boueuse de la Thorpeness, se souvenant avec nostalgie du temps de la rivière Cam, où les fraises et le champagne remplaçaient les biscottes et les biberons, et où les femmes se penchaient en arrière dans leurs robes d'été blanches au lieu d'être courbées en deux sur leurs bébés et de sentir le lait caillé.

C'est alors qu'il se produisit trois choses en même temps. Les enfants en eurent assez de chercher des crabes et commencèrent à tirer vigoureusement sur leurs bretelles. Les deux bébés se réveillèrent. Et il se mit à pleuvoir. Avec cette obstination résignée qui caractérise les mères et qui a permis à la race humaine de perdurer des milliers d'années, nous avons dégrafé nos corsages et commencé à allaiter, la pluie dégoulinant le long de nos décolletés. Nous avons recouvert les quatre têtes duveteuses de capuches imperméables, indifférentes à la pluie qui continuait à plaquer nos cheveux mouillés. Michael s'est dirigé péniblement vers la rive, surveillant les environs, terrifié à l'idée qu'on puisse le reconnaître au milieu de cette infernale ménagerie. Quelque part sur la berge un golfeur s'écria « Gare ! » et l'on fit des plaisanteries grivoises sur nos poitrines tressautantes.

À un moment donné, l'un de nous (je ne sais plus lequel) a déclaré : « On est bien quand même ! » Et les autres ont acquiescé sans la moindre ironie. « Oui, qu'est-ce que c'est agréable d'être dehors ! » Et c'est là que j'ai eu cette illumination : quand on a des enfants petits, il faut savoir se contenter de peu, surtout lorsque l'on compare avec ce que l'on faisait auparavant.

Vue sous un autre angle, la situation était absolument catastrophique – nous étions trempés jusqu'aux os, les bébés nous condamnaient à rester immobiles, les enfants nous empoisonnaient l'existence, nous n'échangions que des bribes de paroles. Mais de notre point de vue c'était merveilleux. Les enfants ne pleuraient pas, ils ne risquaient rien, cette promenade nous changeait de nos cuisines, et on avait même droit à quelques plaisanteries grivoises.

Il nous paraissait dès lors négligeable, après toutes ces mini-victoires, qu'une odeur suspecte commence à s'échapper de trois couches sur quatre. Nous avons débarqué sur la rive, ruisselants de pluie, et chacun est rentré chez soi, se réjouissant à l'idée que les enfants seraient suffisamment fatigués pour faire la sieste tout l'après-midi, pendant que les parents liraient tranquillement les journaux. Des plaisirs simples, mais non négligeables.

On apprend à savourer ce genre de petites satisfactions quand on a des enfants en bas âge. Car il faut sans arrêt s'attendre au pire et se résigner à ne jamais pouvoir quitter un lieu public la tête haute. (On a toujours un peu l'impression de revivre la retraite de Moscou quand on passe la porte d'un restaurant – soit que l'un ou l'autre bébé hurle de rage parce qu'il ne veut pas partir, soit qu'il hurle de rage parce qu'il veut absolument partir.) Il faut préparer une expédition à la plage avec autant de minutie qu'un voyage dans l'espace et se faire une raison si son enfant n'aime rien une fois arrivé à destination.

Avant, j'avais le plus profond mépris pour les parents qui restaient cloîtrés chez eux pendant cinq ans ou faisaient des expéditions exclusivement destinées aux enfants. Maintenant, je vois pourquoi. À moins d'être extrêmement motivé et assez peu exigeant, il est inutile d'essayer d'avoir des activités d'adultes avec des enfants en bas âge, en particulier celles que vous adoriez avant d'être mariés. Un jour, nous sommes sortis faire du bateau avec les enfants : nous nous sommes retrouvés avec un gamin qui avait le mal de mer, et l'autre qui refusait de mettre son harnais de sécurité. On s'est dit qu'on aurait mille fois mieux fait de ne pas se torturer avec nos vieux souvenirs de voile.

Il y a des parents qui continuent coûte que coûte leurs activités de jeunesse. Je connais une femme qui est pilote de course et qui emmène son enfant avec elle sur le circuit (elle lui a fait faire un casque anti-bruit spécial). Les amateurs de voile sanglent leurs bébés sur les couchettes et encordent leurs enfants sur le pont avec un seau de galets pour toute distraction alors qu'ils sortent leur bateau par force sept. On voit aussi des petits bouts de chou suivre depuis leurs poussettes des courses de lévriers, des tournois de tennis, des compétitions d'aéroglisseurs et des foires aux bestiaux. Dans le cas des sports en solitaire, j'ai vu un parent faire du parapente pendant que l'autre restait au sol pour s'occuper des enfants en attendant son tour. J'ai vu des tout-petits le nez en l'air pour mieux voir leur mère sauter en parachute. Et à un niveau plus modeste, j'ai vu des parents faire des longueurs dans le grand bassin, pendant que l'autre pataugeait avec le bébé dans le petit bassin. C'est donc possible, mais il faut de la détermination, de l'organisation et (c'est trop souvent là que le bât blesse) la participation des *deux* parents.

Parce qu'il faut la présence de deux gardiens pour que le jeu en vaille la chandelle. Je n'ai rien contre le fait qu'une mère emmène ses deux enfants voir Papa jouer au cricket, mais, à moins que ce sport ne la passionne, ça ne la change pas beaucoup de la nursery. Elle serait peut-être mieux dans un parc avec les enfants, en attendant que Papa les rejoigne, dégoulinant de sueur, après avoir gagné son match. En revanche, si les parents participent tous les deux à un sport, et qu'ils s'occupent à tour de rôle des enfants qui braillent, ils auront le sentiment d'avoir remporté une victoire en rentrant chez eux le soir.

Il y a toujours, dans tous les mariages, des moments où la moutarde vous monte au nez. Mon pire souvenir est un jour de canicule où j'ai dû donner du hachis Parmentier à un bébé de sept mois, accroupie dans la poussière devant les écuries royales de Sandringham, pendant que Paul discutait tranquillement des mérites des chevaux de trait avec les palefreniers du duc. Depuis, je me suis vengée en partant tranquillement remonter la Tamise, pendant que Paul s'occupait d'un bébé qui « faisait » ses dents et d'un enfant qui avait un rhume carabiné. À présent, j'estime que nous sommes quittes.

Quand on en vient aux détails pratiques, il y a deux facteurs essentiels pour réussir une expédition avec des enfants : les préparatifs et les horaires. Les préparatifs vont de soi. Si vous partez sans emporter de couches, de lingettes, de crème, de gobelets, de jus de fruits, de vêtements de rechange, de jouets, de poussettes et de chapeaux, sans parler des sacs en plastique pour faire disparaître toutes les horreurs qui se présenteront, vous risquez de rencontrer quelques problèmes.

La nécessité d'avoir des horaires stricts est moins évidente *a priori*. Si vous savez que votre enfant sera de mauvais poil s'il ne dort pas au moins une heure après le petit déjeuner, il va falloir que vous prévoyiez un tour en voiture ou en poussette à cette heure-là. Si votre enfant se met dans tous ses états s'il n'a pas quelque chose dans le ventre à midi et quart, il faut que vous trouviez un restaurant à l'heure dite ou que vous ayez des munitions avec vous. Si votre enfant n'aime pas rester dans la voiture, le pire que vous puissiez lui faire, c'est de le mettre dans son siège et de retourner en vitesse chercher quelque chose que vous avez oublié. Chemin faisant, vous répondez au téléphone et vous retardez le moment du départ d'au moins un quart d'heure. Non seulement votre enfant partira de mauvais poil, mais il le restera.

C'est parfois le côté « horaires » des sorties qui décourage les parents. Si vous avez passé votre jeunesse à faire des projets de dernière minute, à rentrer tard le soir sans prévenir personne, à aller dans les bars quand ça vous chante et à manger à n'importe quelle heure, vous allez avoir un choc avec les tout-petits.

On entend souvent des couples s'engueuler pendant les week-ends de pont, parce que l'un des deux parents n'a pas tout à fait saisi le principe de la sortie avec enfants.

– On n'est pas aux pièces, nom de Dieu ! J'ai envie de voir la prochaine course !

– Très bien. Mais que va-t-il se passer à ton avis si Debbie ne mange pas avant qu'Arthur ne s'endorme ? Parce que s'il dort maintenant, il sera insupportable dans la voiture, et Debbie ne pourra pas dormir. De toute façon, on n'a plus assez de lait…

– Eh bien puisque c'est toi qui décides, on n'a qu'à tous rentrer. On n'a qu'à tous se flinguer aussi pendant qu'on y est ! Qu'est-ce que ça peut bien foutre ?

– Je n'ai jamais vu un type aussi égoïste et borné !

Mais ne nous appesantissons pas sur ces scènes pénibles. Voici quelques observations recueillies auprès d'un éventail de parents pleins d'initiatives.

Les voyages en voiture

Dès la naissance, les cassettes de musique vous seront d'un précieux secours. Même chose pour les jouets accrochés par une ficelle au-dessus des portières arrière. Comme ça, les enfants ne hurlent pas pour qu'on les leur rende quand ils les font tomber. J'ai bien peur que l'idéal soit d'installer un adulte à l'arrière. Un de mes amis s'est fait suspendre son permis de conduire pendant un an. Il a compris en voyant le sourire entendu de sa femme que le juge venait de prononcer la sentence la plus dure qui soit. Il aurait aussi bien pu signer son arrêt de mort et déclarer : « Dorénavant, et durant douze mois, vous vous assiérez à l'arrière de la voiture et vous serez dans l'obligation de distraire vos deux enfants. » *Douze mois* ! Morale : assurez-vous d'avoir le volant.

Si vous êtes le seul adulte à bord, installez un deuxième rétroviseur (de ceux qui se collent sur le pare-brise avec une ventouse) et ajustez-le de manière à voir la frimousse de votre enfant. Ne vous retournez jamais, pas même un instant, c'est bien trop dangereux. Mais les bébés apprennent très vite que certains hoquets, étouffements, rots et grincements de dents leur valent l'attention immédiate du conducteur. À vingt mois, mon fils poussait un râle d'agonie très convaincant chaque fois que je m'arrêtais de chanter pour me concentrer sur la circulation.

La navigation

Entre neuf et dix-huit mois, il vaut mieux éviter d'emmener des enfants à bord d'un bateau. Les nouveau-nés et les nourrissons qui se tiennent assis sans bouger sont inoffensifs tant que quelqu'un s'occupe d'eux, et qu'ils ne sont pas malades. Mais une créature qui a envie de partir en exploration sur des jambes flageolantes est une véritable horreur. Il boude lorsqu'on le tient et c'est un danger public dès qu'il se déplace. En plus, il n'arrête pas de s'empêtrer dans son harnais. On commence à voir le bout du tunnel entre dix-huit mois et deux ans et demi, quand l'enfant se met à imaginer des choses et qu'il est soudain ravi de se trouver sur « le bateau de Papa ! » ou sur « un vrai bateau ! ».

Si vous tenez absolument à naviguer avec un enfant qui a entre neuf et dix-huit mois, votre seul espoir, c'est de l'enfermer dans la cabine avec un nouveau jouet et de l'affubler d'une solide paire de bretelles de sécurité.

Quant aux gilets de sauvetage, ils sont nécessaires, pour ne pas dire indispensables. Mais ne comptez pas les faire enfiler à un enfant de moins de deux ans et demi. Vous pouvez toujours aller dans un magasin de sport pour les leur faire essayer à l'avance. Certains sont mieux que d'autres, en particulier ceux qui ressemblent à de vrais gilets.

À partir de deux ans, les enfants sont enchantés de pouvoir laisser traîner des objets derrière le bateau au bout d'une corde. N'oubliez pas la corde.

Les randonnées

Je connais un couple qui a fait la traversée d'un massif montagneux avec un bébé sur le dos. Le seul inconvénient, d'après eux, c'est qu'un des deux parents est obligé de porter le matériel de trois personnes. Ils ont affirmé que dans les auberges de jeunesse les gens s'étaient montrés « extrêmement serviables » – plusieurs fois, ils avaient téléphoné à l'avance pour réserver un berceau. Le reste du temps, ils fabriquaient une espèce de cadre autour du matelas avec les armatures du sac à dos. Il faut être zen et doué en bricolage pour se lancer dans ce genre d'entreprise sans faire de blessés. Rappelez-vous qu'un bébé qui bouge peut s'étrangler ou se coincer les doigts n'importe où.

Le camping

L'essentiel, d'après des campeurs expérimentés et quelque peu désabusés, est d'avoir « un couffin avec des parois opaques, pour que le bébé ne s'aperçoive pas que ses parents dorment à côté, et n'exige pas de se lever à cinq heures du matin ». Le même couple a également découvert qu'un enfant qui dort sur un matelas pneumatique risque de rouler par terre. Ils ont donc opté pour un matelas en mousse. Autre inconvénient des matelas pneumatiques, lorsqu'un enfant fait pipi au lit, le liquide s'écoule vers le bas et inonde ce qui se trouve à son pied : nourriture, matériel ou autre campeur. « Inutile d'acheter un duvet pour enfant. Un duvet d'adulte convient parfaitement – il suffit de replier le pied sous le matelas, ou de faire un nœud pour éviter que l'enfant ne glisse au fond. »

Les manifestations, les spectacles et les sports en plein air

L'essentiel, c'est de repérer les lieux à l'avance pour voir où se trouvent la buvette, les toilettes, les abris et les points d'ombre. Si vous avez une voiture, pensez à embarquer tout votre matériel de survie. Vous serez peut-être obligée de vous en servir comme base de repli. Souvenez-vous qu'un jeune enfant a besoin de moments de calme dans la journée. Soyez donc prête à vous replier dans la voiture pour lire un livre ou écouter de la musique. Il est bon de mettre aux enfants des chapeaux voyants pour pouvoir les retrouver au cas où ils décident de déguerpir. Il y a des gens qui écrivent le prénom et l'adresse de l'enfant sur un bracelet. (N'écrivez jamais son nom de famille, ça facilite la tâche des kidnappeurs.) Personnellement, j'utilise des bretelles de sécurité.

Les restaurants

Ils sont parfois très bien équipés. Ce qu'on nous a proposé de mieux, c'est un siège de bébé qui se visse à une table. Ça vous évite d'avoir le bébé sur les genoux. Plus tard, les bretelles que l'on fixe sur les chaises sont également assez pratiques (au stade où les enfants savent se tenir assis, mais oublient de temps en temps qu'ils sont sur une chaise et se cassent la figure). Plus tard encore, vous ne vous retenez plus de fierté à voir votre enfant se tenir assis correctement devant son verre de jus d'orange en observant cette règle d'or : « Dans un restaurant, on tient son verre à deux mains. » L'important, avec les restaurants, c'est de dénicher ceux qui ont un service rapide. Si vous avez des doutes, et que vous êtes deux, l'un des parents peut entrer passer la commande, pendant que l'autre fait un

dernier tour du pâté de maisons. Je me suis rendu compte seulement l'année dernière qu'il n'y avait aucune raison pour que la mère fasse toujours le tour du pâté de maisons, pendant que le père (dans le rôle du chasseur mâle) fait tranquillement la queue devant le comptoir de la cafétéria.

La natation

C'est en général une activité que les bébés aiment dès leur plus jeune âge. Il suffit qu'ils aient des brassards, et que l'eau soit chaude. Un truc génial pour les faire entrer dans de l'eau qu'ils trouvent trop froide, c'est de leur tendre une petite pipe pour faire des bulles de savon. Ils sont obligés de se mettre à l'eau pour pouvoir souffler ! C'est un stratagème qui a toujours marché avec nos enfants.

Les soirées

Avant, on disait qu'il ne fallait pas exposer les enfants au bruit, à la fumée, à l'alcool et à la décadence des soirées de grandes personnes. Ni d'ailleurs leur permettre d'apparaître ou de se faire entendre à table. Pour les parents, c'était assez contraignant. Aujourd'hui, il faudrait accepter les enfants partout et à toute heure et les laisser jouer sous la table dans les dîners les plus intellectuels. Je trouve ça tout aussi détestable. C'est affreux de se faire accueillir par quelqu'un qui vous dit « Quel dommage que vous n'ayez pas emmené votre petite fille. On aurait bien aimé la voir » alors que vous venez de quitter la maison sur la pointe des pieds, en laissant le bébé endormi pendant que la baby-sitter faisait du repassage. Vous avez l'impression d'être une mère indigne.

Mais il va de soi que ces deux attitudes ont été gaiement bafouées en leur temps. Pendant les très rigoristes années cinquante, certaines mères emmenaient courageusement leur couffin dans les cocktails et s'asseyaient parfois à table avec leur enfant sur les genoux. À l'inverse, aujourd'hui, même les couples les plus libéraux affirment à leurs invités que leurs chers bambins sont bien mieux en compagnie de la baby-sitter. Parce que, même s'il est vrai qu'on peut emmener un nourrisson qui dort où l'on veut et même si tout le monde est ravi de s'occuper d'un enfant de deux ans pendant cinq minutes, le fait d'emmener ses enfants quand on sort à deux inconvénients majeurs. D'une part ça vous oblige à rester sur le pont pendant ce temps. (J'ai un jour vainement essayé de distraire un couple d'amis qui étaient venus dîner à la maison avec leurs deux enfants. Mais il n'y avait pas moyen. Ils étaient tous les deux incapables de se détendre, tellement ils anticipaient une catastrophe.) D'autre part, ça bouleverse le rythme de l'enfant. Certains enfants acceptent sans faire d'histoire de s'endormir dans une maison inconnue, de se faire réveiller à minuit pour rentrer à la maison et d'être transvasés dans leurs lits. Mais ce n'est pas le cas de tout le monde. À deux ans, un enfant insistera peut-être pour tenir compagnie aux adultes. Un bébé pleurera peut-être si on le laisse seul dans une chambre, mais il pleurera tout autant si on l'emmène en bas parce qu'il est fatigué et désorienté.

Voici quelques solutions pour remédier à ces problèmes.

- « Une peau de mouton. Elle servait uniquement pour dormir. Dès qu'on la mettait quelque part, l'enfant savait qu'il pouvait s'endormir sans crainte. »
- « Des livres, et un verre dans lequel l'enfant a l'habitude de boire. »

• « Lui faire faire une très longue sieste, et le mettre dans un coin de la salle à manger avec un tas de jouets. »

• « Un couffin – ils sont passés de mode et ont été détrônés par les géniaux Maxi-Cosi – mais ils ont encore leur utilité. Ils assurent un environnement parfaitement clos où l'enfant peut être au calme, rôle qu'un Maxi-Cosi ne pourra jamais remplir. À deux ans, notre fille pouvait encore s'y glisser et passer quelques heures parfaitement heureuse. J'imagine que pour elle c'était un substitut du ventre maternel. »

Une famille de gens très riches et très snobs tient absolument à engager une baby-sitter quand ils reçoivent chez eux. Elle est là uniquement pour empêcher les enfants de descendre dans la salle à manger et d'embêter les adultes. Une autre famille emmène sa nounou quand elle va dîner chez des amis. On se croirait chez Mary Poppins. Il n'y a qu'un moment d'intrusion quand la nounou en uniforme vient frapper discrètement à la porte pour prévenir Madame que c'est l'heure de la tétée. Mais tout ça c'est bon pour les bourgeois. Nous qui sommes des gens simples, notre plus grande folie, c'est d'emporter l'interphone du bébé quand on sort dans le monde.

Les hôtels

Demandez à l'hôtelier s'il est équipé. Si vous avez un lit pliant et une grosse voiture, mieux vaut l'emporter que de vous angoisser avec les lits d'enfants que fournissent les hôtels. Certains modèles, en général de marques étrangères, sont effectivement mortels (le bébé risque de se coincer la tête sous une barre), et ceux qui sont aux normes de sécurité ont le don de faire un bruit infernal chaque fois que le bébé bouge un tant soit peu. J'ai passé une nuit entière cramponnée aux barreaux d'un lit métallique pour empêcher que les grincements ne nous tiennent tous les trois réveillés.

Dans les hôtels, les baignoires sont rarement équipées d'un système antidérapant, et rien n'est plus déprimant que de se trimbaler avec un tapis en caoutchouc dans ses valises. Je connais une femme extrêmement astucieuse qui emporte avec elle du ruban adhésif dont elle tapisse le fond de la baignoire. C'est très efficace pendant quelques jours.

Certains hôtels proposent un « système d'écoute » pour surveiller la chambre des enfants. En général, vous décrochez le téléphone, et le personnel écoute toutes les dix minutes pour s'assurer que tout va bien. Rappelez-le plusieurs fois au standardiste, et brandissez-lui votre bébé sous le nez avant de monter le coucher, au cas où il oublierait et laisserait le bébé hurler pendant vingt bonnes minutes, ce qui, avec un enfant plus grand, signifie que, même si vous finissez par arriver au bout de vingt minutes, il sera trop agité pour pouvoir se rendormir. Si vous quittez l'hôtel, faites impérativement venir une baby-sitter. En général, je téléphone à une agence pour demander quelqu'un. Ou bien je passe par des gens susceptibles de m'indiquer une personne fiable.

Je dois avouer que les chaînes d'hôtels américaines traitent mieux les enfants que leurs homologues anglaises. En Grande-Bretagne, la tradition veut qu'on vous reçoive en grande pompe avec des tas de fioritures. On vous sert du « Monsieur » et du « Madame », et des couverts en argent, mais pour ce qui est d'avoir de l'eau chaude à minuit, c'est une autre histoire. Les hôtels américains sont peut-être atrocement laids, mais le personnel est très coopératif.

En France, en Italie et autres contrées catholiques, les enfants sont si chaleureusement accueillis que leurs parents sont émus aux larmes tant ils sont soulagés d'avoir échappé au regard froid, désapprobateur et pincé du monde anglo-saxon. Il y a quelque chose dans l'attitude d'un serveur qui noue d'un air radieux une serviette autour du cou de votre petit bout de chou en murmurant « Des frites pour m'sieur ? » qui vous fait aimer et excuser le pays tout entier, y compris ses toilettes publiques.

Conclusion

Pendant des siècles, les manuels sur l'enfance sont venus secourir, inquiéter, soutenir et opprimer les mères à des degrés variables. Certains « spécialistes » n'ont pas toujours été des modèles d'équilibre. Dans les années vingt, une école très en vogue prétendait qu'il ne fallait jamais câliner un enfant, mais qu'il fallait plutôt le récompenser en lui donnant une petite tape sur la tête, ou une poignée de main. Une mère, formidable au demeurant, prétendait qu'il ne fallait jamais rien montrer à un enfant de deux ans de peur qu'il ne soit trop stimulé et que le sang nécessaire à la croissance de ses dents ne se transporte à son cerveau.

Je ne prétends pas être moi-même un modèle d'équilibre, même si ce livre s'inspire d'une expérience de la maternité bien réelle. Mais je ne tiens pas à avoir le dernier mot. De toute façon, il n'y a pas de dernier mot dans l'univers étrange des tout-petits, ces créatures qui, à moment donné, font partie de vous, pour devenir ensuite des individus à part entière, exigeants et surprenants, à qui il faut trois ans pour entendre raison (et quinze ans de plus pour consolider l'édifice).

La conclusion viendra donc des mères, de toutes ces amies qui, par leur aide, leurs conseils, et leurs impitoyables critiques, ont soutenu mon projet depuis le début. Je leur ai demandé s'il y avait quelque chose qu'elles auraient aimé savoir plus tôt ou qui leur avait été particulièrement utile. Le dernier mot leur appartient.

- « J'aurais aimé savoir qu'il est parfaitement normal qu'une tétée dure deux heures, et qu'après six mois c'est une perte de temps de stériliser quoi que ce soit. »
- « ... que la quantité de nourriture qu'ils absorbent a peu d'importance. Sachez qu'un enfant ne meurt jamais de faim. Plus vous vous ferez de souci, plus vous les dégoûterez. »
- « ... que tout va si vite. Dès qu'ils entrent à l'école, c'est déjà fini. »
- « ... qu'on peut très bien se passer de chaise haute. »
- « ... que les enfants sont plus costauds qu'on ne se l'imagine au départ quand on hérite d'un petit paquet à l'air fragile. »
- « ... qu'ils n'en mourront pas si vous les laissez de temps en temps pleurer dans leur lit. »
- « ... que les livres spécialisé set les belles-mères sont un piège. »
- « Ce qui aide ? D'avoir de l'argent et une grande famille. Ce sont les deux seules choses qui aident vraiment. »
- « Ça aide de ne pas être trop perfectionniste. Si vous arrivez à faire faire des choses à votre mari, que ce soit de tirer les rideaux, de changer une couche ou de coiffer votre enfant, dites merci sans faire de commentaire, et rectifiez le tir plus tard si nécessaire. Chacun des deux parents devrait pouvoir se débrouiller s'il lui arrive tout à coup de se retrouver seul. »
- « Ça aide de ne pas essayer de tout faire en un jour. Chez ma grand-mère, il y avait le jour de la lessive, le jour du pain, le jour des courses, etc. Elle n'avait pas de machine, mais elle prenait son temps. Et elle se ménageait. »
- « Si seulement on pouvait être moins crispée ! Pour quelle autre raison est-ce que les aînés sont aussi

inquiets et empressés alors que leurs cadets font les pitres toute la journée ? »

• « Ne jouez pas les martyrs, ou, chose également épouvantable, n'entretenez pas une relation d'amour exclusive avec votre enfant. Continuez à vivre votre vie. »

• « Épousez un homme qui adore le cassoulet en boîte et la purée mousseline, ou qui sache faire la cuisine. Faites une promenade par jour, qu'il pleuve ou qu'il vente. Rangez votre maison. Si c'est la pagaille, et que vous voyez arriver des gens, branchez l'aspirateur et jetez un plumeau par terre. Ça donnera l'impression que vous vous prépariez à y remédier. »

• « Remettez vos principes en question. La plupart d'entre eux sont discutables. C'était en tout cas vrai des miens. »

• « Ne faites pas la guerre à vos enfants à tout propos. Pourquoi votre fille n'aurait-elle pas le droit de porter son pyjama le jour, et ses vêtements la nuit ? »

• « Mettez-vous dans la tête que vous êtes la carte que vos enfants ont tirée, et que d'une certaine manière il faut qu'ils s'en accommodent. Plus tard, vous vous rendrez compte que vos enfants sont aussi la carte que vous avez tirée. Le même principe s'applique pour vous. »

• « Un père qui s'implique et qui participe fait toute la différence. Mettez les bouchées doubles. »

• « Riez. Pleurez aussi, mais riez surtout. »

• « Il y a des tas de manières d'être une bonne mère. La vôtre est peut-être différente de celle de votre voisine, ou de votre sœur, ou encore de l'auteur de ce livre. »

Comment ne pas être une mère parfaite
Maman, Rose est en train de bouffer ton manuscrit...

CET OUVRAGE A ÉTÉ TRANSCODÉ
ET MIS EN PAGES CHEZ NORD COMPO (VILLENEUVE-D'ASCQ)
ET ACHEVÉ D'IMPRIMER SUR ROTO-PAGE
PAR L'IMPRIMERIE FLOCH À MAYENNE
EN MAI 2007

N° d'impression : 68333.
N° d'édition : 7381-2009-X.
Dépôt légal : mai 2007.

Imprimé en France